私のジャーナリスト人生

記者60年、世界と日本の現場をえぐる

嶌 信彦

財界研究所

私のジャーナリスト人生——記者60年、世界と日本の現場をえぐる

嶌信彦

私のジャーナリスト人生——記者60年、世界と日本の現場をえぐる　目次

序章

「新聞は嫌いだ」と佐藤元首相

「テレビはどこにいる？」

「テレビカメラは、どこにいる？　ＮＨＫはどこかな、他の局は？　今日はそういう約束でしょ。新聞記者の諸君とは話さないことにしているんだから。国民に直接話したいんだ。文字になると私の真意とは違ってしまう。偏向的新聞は大嫌いだ。国民に直接話したいんだ。やり直しましょ。帰って下さい」

佐藤栄作首相は、総理官邸の記者会見室でこう言うとテーブルをドンと叩き、興奮して退場してしまった。

一九七二年六月十七日、約八年にわたって政権の座にいた佐藤首相の総理辞任会見の時に起きた事件だった。佐藤首相は新聞が嫌いだった。新聞はつねに沖縄返還交渉で外務省の機密文書をすっぱ抜き、外交交渉を危うくしたり、政権のスキャンダルを追い求めたりして、常に政権の揺さぶりを狙ったりしているようにみえたからだ。佐藤首相からすると偏向が目立つ上、首相の見解をその通りに掲載せず、新聞に都合の良い部分しか伝えてくれないと感じていた。このため、佐藤首相は「退陣会見はＮＨＫだけを通じて全国民に喋りたい」と伝えていたのだ。しかし、総理は官邸記者クラブに対して会見するというルールになっており、ＮＨＫだけに単独で行うことはできない。そこで官邸の竹下登官房長官らは「記者会見で退陣表明をする。それをＮＨＫが始めから終わりまで全部中継していれば同じことだ。新聞はその会見内容を原稿にして印刷するけどＮＨＫと同じ早さでやれるわけはないんだから、それでいいでしょう」ということにしていた。

佐藤首相が会見室に来てみると、新聞記者がズラリと陣取っているものの、テレビのカメラは佐藤首相の目に入らなかった。実は真正面のガラス越しの部屋でテレビカメラは佐藤首相を映していたのだが、佐藤首相はテレビが来ていないと勘違いして、怒って退場してしまったのだ。ただ、七分後に勘違いに気付いて再び登場し、笑顔を作りながら会見を始め、「どうも僕が思い違いをしていたようだ。もっとテレビがはっきり見える位置にいてくれれば…」と言い訳し「そこで国民の皆さんに私は今日辞任を…」と会見を始めようとした。

その時、記者団の代表幹事が

「その前にですね、総理、先ほどおっしゃった総理の新聞批判。これは内閣記者会としては絶対に受け入れることはできません。しかもテレビと新聞を分けて、新聞はけしからん、テレビを優先しろという言い方は、われわれとしては納得できません」

すると佐藤首相はあからさまにムッとした表情をして「出て下さい、それなら。構わないですよ。やりましょう」と言い、机をドンと叩き「出て下さい」と言い直したのだ。

「新聞社は出て下さい」

これに応じて記者の間からは「出よう」「カメラマンも一緒に出ようよ」という声とともに記者団が退場してしまった。記者団が出終わり、会見場はガランとしていなくなると佐藤首相は「ハイ、それではいいですね。国民の皆さん、今ご覧になるように…（中略）…テレビは真実を伝えて下さる。かように思いますので国民の皆様に直接呼びかけるこの話をひとつ、お聞きいただきたい。どうも私は、活字にするよりも、この方が本当に親しみを持てる。懐かしさが感じられる。こういう気がしますので、そういう意味でお話しします」と始めた。数台のカメラを相手に十数分間に渡り「国民への呼びかけ」を独演したのである。ガランとした記者会見場に、官邸の秘書官ら数人だけが横に座る中、数台のカメラに向かって退陣表明をする佐藤首相の映像は異様だった。

政府のトップが新聞を国民の前で公に批判し、これからはテレビの時代と評したのは佐藤首相が最初だったのではないか、と思う。佐藤首相が退陣した一九七二年といえば、日本が高度成長に入った前半の時期で、テレビがどんどん力を付けメディアの中心に躍り出始めた時代だったろう。まだ新聞とテレビが拮抗していたが、テレビはエンターテイメント中心のメディアであり、新聞は硬派の政治、社会、国際問題などの情報を提供し読者に物事を考えてもらうメディアという区分けもあった。

エンタメの隆盛、活字の衰退

しかし高度成長後半期やバブル時代に入ると、人々は世の中に浮かれ、真面目に日本や世界、社会のことなどを深く考えなくなっていき、家庭では活字からテレビ・映像の全盛期になっていく。新聞が読まれなくなっていき活字メディアは衰退の方向へ向かって行った。人々は新聞が無くてもテレビニュースやネットでいくらでも、好きな時に情報を手に入れられるので、一日に一、二度の朝刊と夕刊を待っていなくても日常生活に必要と思われるニュースは簡単に手に入れられるようになったのである。

いまや、家庭で新聞を購読する世帯も少なくなり、特に学生で新聞を読む者などはほとんどいなくなったのではなかろうか。ひと昔前までは、通勤電車で新聞や雑誌を広げている光景は当たり前だったが、現代では若者ばかりでなく若いサラリーマンも、スマホでゲームなどを行なっているのが日常風景になっている。

ニュースはネットで得られるが、せいぜい十行、二〇行、あるいは一、二分程度の細切れ情報だ。

新聞のように詳しい背景や歴史的経緯、解説などはまずついていないし、読まれもしないだろう。これでは、日本人が日常的に深く物事を考えたり、ニュースを材料に人々の間で議論する習慣もなくなっていくに違いない。日本人は劣化への道を歩んでしまっている、といったら言い過ぎだろうか。

私は小さい頃から新聞が好きだった。父が新聞記者をしていたので影響されていたこともあると思うが、基本的に物を書くことが好きだったのだ。

私は東京都大田区立東調布第一小学校に入り高学年になると、「四組タイムズ」という壁新聞を三ヵ月に一回ぐらいの割合で作っていた。大きな模造紙にニュースと絵などを入れて楽しんでいた。ニュースは運動会や遠足などのほか、三組との野球の試合の状況や水泳大会などいくらでもあった。中学になると新設の大田区立東調布中学で新聞部を作り、校内紙を発行した。都立日比谷高校に入ると、さすがに新聞作りは飽きたので校内雑誌を編集していた。高校生ながら都立日比谷高校の生徒はませていたのか、恋愛小説や評論を応募してくる生徒がかなりいたので人気があった。雑誌名は「星陵」といい、先輩達から受け継いだもので、年に二回ぐらい発行し、数十ページある雑誌だった。学校は僅かの費用しか出してくれなかったので、先輩のいる企業を訪問し広告の出稿を頼んで資金を集めた。相手は高校生ということは念頭にないらしく、午後二時過ぎに会社へ来るようにと言われると、授業をサボって広告取りのため会社を訪ねたりしたものだ。

慶應大学に入ってからも学生運動をやりながら四ヵ月に一度の新聞作りに精を出した。やはり広告取りのため会社廻りをするとともに、新聞記事は学生運動に関連した内容が多く、一時はアジビラの特集のような作りになったこともあった。

そんな学校時代を過ごしていたから、就職は新聞社以外を考えなかった。また当時の新聞社は鷹揚で、学生運動の経験などについても目クジラを立てることもなかった。私の父はアメリカ進駐軍（GHQ）のレッドパージ指令で、毎日新聞をクビになっていたものの、社風が何となく好きだった「毎日」を受けた。当時は新聞社の人気は高く、一〇〇〇人を超える受験者がいたが、幸い私は同期十七人の一人として合格し、「毎日」に入社した。

虫の目、鳥の目、歴史の目

記者（ジャーナリスト）は、昔から、〝虫の目〟と〝鳥の目〟を持つことが大事だといわれてきた。

虫の目とは、虫のように地に這いつくばって目をこらし、事実を掘り起こしたり、異変に気付いたり、身の回りに目を配ることだ。一方、鳥の目とは大所高所から社会や世界を俯瞰して全体像を把握し、物事の位置づけを知ることといえる。

私はこれに加えてジャーナリストは〝歴史の目〟を持つことも極めて重要だと考えていた。現在、起こっている事態を歴史に照らし、どんな意味を持ち、新たな歴史的意味は何かを考えることだ。単なる歴史の繰り返しに過ぎないのか、それとも過去とは異なる現代的意味付けは何なのかを問うことによって洞察力も深まってくると考えたからだ。しかし、最近の新聞紙面や雑誌論評などには歴史的視点が少し不足しているように思える。

私は、記者になって四五歳を前にした時、「毎日新聞」を退社しフリーの道を選んだ。管理職の辞令をもらったが、管理職の仕事に魅力を感ずることができず、将来も「書く」ことで身を立てようと思ったからだ。以来、今日までフリーで生きてきたが、途中でラジオやテレビの世界も知り、八二歳の今もコラム、本の執筆、TV・ラジオ出演などでジャーナリズムの仕事を続けている。

ただ、私が生きてきたジャーナリスト人生六〇年の中でジャーナリズムのあり方は随分変化したように思う。どちらかといえば、かつてのようなジャーナリズム精神が衰え、覇気がなくなってきたような気がするのだ。

「毎日新聞」を退社、フリーの道へ

私はジャーナリズム精神とは、一種の〝論争〟を楽しみ、挑戦することにあると思う。論争するためには、十分に知識を蓄積し、論理を磨いておかなければならない。私は経済、政治、国際情勢などを取材対象としてきたが、常に取材対象者と議論するつもりで会っていた。

例えば四〇代前半までは毎日新聞の経済記者として官僚や企業経営者、政治家、学者などと会っていたが、単に取材をして記事の材料を教えてもらうのではなく、こちらも十分に調べておいて論争を仕掛けるような取材を試みていた。すると相手も本気になって論争の相手をしてくれるので本音を聞き出すこともできたのだ。

官庁取材の頃は、大蔵省や通産省（現、経済産業省）、外務省などの官僚が取材対象だったが、取材というより議論を吹っ掛けるつもりで行ったものだ。相手もまたこちらの言い分が面白いとわかると真剣に対応してきた。世の中ではそんな見方をしているのかと、気にしてきたし、こちらの論理を聞いて政策に活かそうとしたりしていた。もちろん、つまらない論争を持ち込んだ時は、「時間のムダ」と適当にあしらう雰囲気を漂わせるが、自分達が気づかなかった情報や論理があれば本気になってきたものだ。

その意味で記者会見も重要な論争の場として活用できた。特にサミットなど国際会議後の会見では、日本の説明者側（ブリーファー）はいかに日本が会議で重要な役割を果たしたかと言いたがるが、他国の会見を開いた後に、〝他国の会見担当者は日本の発言をそれほど重視していなかった〟ことなどを告げると、あわてて説明を変えることもしばしばあったものだ。それだけに、こちらもなるべく多くの情報を集め反論、論争の準備をしておかないと、相手にいいように手玉にとられてしまうことになる。論争を楽しむぐらいのつもりで取材にあたることが記者冥利に尽きるともいえた。

しかも、私が記者時代を過ごした約六〇年の時代は、日本が第二次世界大戦の敗戦から奇跡的に立ち直っていった時期であり、日本人が必死になって再建に向かっていった時代だった。そしてその約六〇年の間にロシアが崩壊し、約十五カ国あったロシアの衛星国もバラバラになって行った。ロシアに変わって登場し、ここ十年、アメリカと世界の覇権を狙い始めたのが中国だ。その中国と日本は二〇〇〇年を越える同文同種の漢字文化の中で生きてきた。戦後の日本はアメリカに依存する戦略で世界第二位の経済大国にのし上がってきたものの、ロシア崩壊後は、アメリカと中国が世界の覇権を競う世の中に変わってきた。果たして日本は今後、「米・中」の間に挟まれてどう生きていくのか。日本はまた新たな時代の岐路に立たされているともいえるのではなかろうか。

以下の第一章からはそんな経験を踏まえた私の記者生活六〇年余を振り返り日本の将来を考えてみようと思う。

第一章　トロッコ記者

一．スタートは秋田支局

「では、これから諸君らの赴任地を発表する。赴任地では警察、司法、行政の取材のほか市民生活の動き、社会情勢、教育・大学――など、赴任先の県の動きを取材することが主な任務となる。これらは、国の動向を取材している新聞社が、国を小さくした県の単位で、まず君らに取材してもらうことになり、主として県版という紙面を作ってもらう。いずれ本社の政治部、経済部、社会部、運動部、学芸部、整理部、科学部などで記者活動する時の基礎になるものと心得て欲しい。まあ、支局に配属されれば君達より先に行った先輩たちが教えてくれるはずだ。まず四年位支局で訓練すると思ってくれればいいだろう。多分、行った翌日から〝県版〟といって県のニュースを扱う紙面を毎日書いてもらうことから始まると思う」

――昭和四十二年（一九六七年）の五月、毎日新聞に入社した記者職の十七人は、研修で〝校長役〟を務めていた見谷編集局次長からこう言い渡されて赴任先の発表を聞いた。

「…岸井成格・熊本支局、倉田真・大分支局、才木三郎・仙台支局、柴田麟太郎・山口支局、嶌信彦・秋田支局、平井晋二・横浜支局…」

十七人の行く先が次々と読み上げられた。

「オレ、熊本だってよ…シマは?」

「こっちは秋田支局って言われた。東京育ちなので東北地方がいいなとは思っていたんだが、十七人のなかでは一番北になったよ。本当は杜の都・仙台あたりを期待していたんだけど、仙台は才木が行くことになったみたいだ。秋田は一度も行ったことがないのでどんなところかさっぱりわからないけど、どうせなら全然知らない地方の方が面白そうで、よかったんじゃないかなぁ」

岸井とそんな話をしていると何人かが寄ってきて「俺は長野だ」と嶺。早生まれで現役で進学し一番年下の牧太郎は「俺も江戸っ子生まれの東京育ちだから新潟支局と言われてもさっぱりだ。寒いんだろうな」などと、みんな赴任先の話でにぎやかだ。

「平井は横浜支局だったよな」

「横浜は事件が多いらしく忙しいとか聞いたな。でも横浜じゃ東京とあまり変わらないんで生活は目新しくないんだろうな」

「平井は外語大卒で語学もできるだろうから横浜はぴったりじゃないの」と岸井。

「いやー事件ばっかり追いかけまわし、毎日〝夜討ち朝駆け〟の生活じゃかえってつまんないじゃないか」とそれほどうれしそうでもない顔で言う。横浜支局管内は、それこそ毎日のように殺人や強盗事件があり、支局のなかでは最も忙しいというウワサだった。横浜支局長は東京本社の部長クラスの人物があてられ、支局員の数も東北などでは四、五人だが横浜では二〇人近くいる大支局なのだ。

「夜討ち朝駆けは基本だ」

〝夜討ち朝駆け〟は新聞記者の基本だとこの一ヵ月の研修中に何度も聞かされた。特に警察担当になると、警察の中ではなかなか本当のことや秘密の話はしてくれない。夜に事件担当の警察官や課長、部長、場合によっては県警察のトップである県警本部長の家を訪れたり、朝早く警察官の自宅へ出向いて職場へ行くときに一緒に連れ立って話を聞く取材を昔から〝夜討ち朝駆け〟と呼んでいた。夜討ち朝駆けをすれば、こっそり話してくれるかといえばそんなこともまずあり得ない。よほど親しくなって冗談も言い合う仲にならない限り、捜査の内容や実情をぺらぺら喋ってくれるわけがないのだ。

「寒い晩などに事件担当の警察官が帰ってくるのを何日も自宅前で立って待っているなどの努

力をしないと相手もなかなか胸の内を開いてくれないもんだ」――研修中に元社会部記者だった見谷局次長が、よく夜討ち朝駆けの経験話をしてくれた。

「〝主人が帰るのはいつになるかわからないので、もし帰宅するまで待つおつもりでしたらどうぞ家の中に入ってくださいと〟などと奥さんに言われるようになったら第一段階を通過したと思っていい。朝駆けして奥さんに〝朝食はまだなんでしょう？　何にもないけど、よかったら主人と一緒に食べて下さい〟と誘われるようになったら、かなり内懐に入ったといえるだろうな。そこまでいくには、とにかく真面目に通い、たまにはちょっとした手土産を持ってゆくぐらいの気遣いがあると気心も知れてくる。よく言うだろう、将を射んとする者はまず馬を射よって…。家族に顔を覚えられ、記者さんも大変ですねえと言われるようにならないと、ただ夜討ち朝駆けをしてもなかなか成果はあがるもんじゃないと心得ていた方がいい」

さすがに昔、社会部記者として鳴らしたせいか、局次長の夜討ち朝駆けの昔話は聞いているだけで面白かった。しかし、いざ自分が夜討ち朝駆けを命じられたらそこまで食い込むことができるのか、と不安になったりもした。

「いやー、政治部なんかで夜討ち朝駆けをすると、A君は玄関まで、B君は応接間に通して、C

君の場合は寝室の寝床の側で一緒に話をするなんてこともあるらしいぜ。」と岸井。政治家の場合、その派閥を担当しているかどうかで扱いがまるで違うらしい。自分たちの派閥担当記者なら仲間のような感じになるが、そうでもない人物がまじっていると派閥の内輪話が他の派閥に筒抜けになってしまうから警戒するというのだ。岸井は親父さんも政治記者として名を残した人だっただけに政治家の身内話はよく聞いていたようだ。

「支局へ行って一人前の記事を書けるようになるまでは二、三ヵ月はかかると思うが、支局へ行ったらすぐ戦力扱いされるから〝まだトロッコ〟だなんて甘く考えないように頑張って欲しい」

と見谷局次長。

「トロッコって何ですか」

「記者になる前の駆け出しのことで、汽車に引っ張られて動くトロッコのようなものだから昔から新人記者のことをトロッコってよく言っていたんだよ。だけど、いつまでもトロッコ気分でいられちゃ支局の先輩たちに迷惑をかけるから早く自前のエンジンで動けるようになって欲しいってことだ」

研修中の一ヵ月は、新聞が出来るまでの流れについて編集から整理、活版、印刷、輪転機などの職場を見学したり、販売局の社員と一緒に新聞配達をしたり、新聞契約をしてもらうため、各家庭を歩いたりしていた。また新聞販売店に泊まり込み、配達員と一緒に家庭訪問をして新聞契約の現場訓練などもした。記者以外の現場をよく見て新聞がどのように作られるかについてきちんと頭に入れておくようにという教育だった。記者が記事を書いた後、工場などの現場や広告、販売、配達などの協力があってはじめて記者の書いた記事が一般家庭に配られているということを身をもって知るようにと叩き込まれたのである。

秋田弁に悩む

研修が終わり秋田支局行きを告げられた翌日、生活に必要な洗面具や下着、ワイシャツ、ネクタイなど思いついた身の回り品をそろえてボストンバッグに詰め込んだ。フトンや食器類などは、まだ秋田で住む家も決まっていなかったし、いざとなれば秋田で買い揃えればいいや、と思った。引っ越しは初めての経験だったので何をどの程度持って行けばよいのか、皆目見当がつかなかった。秋田に赴任して部屋が決まってから考えようと思った。それよりまず秋田支局へ連絡することが一番先だと考え、支局のダイヤルをまわした。

「もしもし、毎日新聞の秋田支局ですか。私は秋田への赴任が決まった新入社員のシマです。とりあえず今夜の夜行列車に乗って行きますのでよろしくお願いします」

戦後すぐの昭和時代には新幹線などはなかったから、秋田へ行くには上野から夜行列車に乗って十二〜十三時間はかかったものだ。

「ああシマ君か、本社から連絡があって名前は聞いていたよ。私はデスクをやっている鳥田隆だ。とにかく秋田へ着いたら、まず支局へ顔を出してくれ、駅から歩いて五、六分で、映画館の読売ホールがあり、その隣だから誰に聞いてもわかるから…。家はまだ決まっていないんだろう?来てから支局の連中と相談して決めたらいい。夜行で来るなら午前九時頃に秋田に着くからそのままず支局へ来たらいい。昼間はみんな取材に行ったり、記者クラブに行くので夕方六時位には全員そろうだろう。その時に皆と会ってあれこれ秋田生活のことを聞いたらいいんじゃないかな」

四〇歳代前半位の張りのあるいい声だった。「ちょっと待って、岩本支局長と代わるから…」

岩本支局長は穏やかな声だった。

「おおシマ君か。皆、楽しみに待っているようだよ。今夜は支局に泊まり部屋があるから宿が決まってないなら支局へ泊ればいいいんじゃないかな。皆が戻る午後六時過ぎに歓迎会をやることになっているよ」

六時頃になると支局の仲間が戻ってきた。支局の記者のトップは、四年目を迎える勝又敬二郎さんで県政を担当していた。三年生は市役所などを担当している井沢徹さんと同期の中村浩さん。中村さんは警察、司法、スポーツなどをみていた。それと横手通信部詰めの山西さんも応援にきてずっと支局にいた。そこへ私が新入社員・一年生記者として入って行ったわけだ。

秋田支局にはこのほか北から大館・鷹巣通信部、能代通信部、日本海側に本荘通信部、県南に横手通信部、大曲通信部、湯沢通信部がありそれぞれの地域ニュースをカバーしていた。本荘と湯沢、能代は地元出身のベテラン記者たちがいて、地元に何かがあると地域の人が事件やイベントの内容をすぐに知らせてくれるほど溶け込んでいる人たちだった。横手、大曲は県南の中心で、特に横手は冬の〝雪のかまくら〟で有名だったし、美人の〝産地〟として知られる角館は横手管内にあった。横手・大曲方面は働き盛りで精鋭の安田睦男さんが守っていた。秋田ニュースのカバーと秋田県版（一ページ）の作成はこれら支局の四人と通信部の人たちで作っていた。当時はまだパソコンもファックスもない時代で、私たちが書いた原稿は、秋田北高出身で才媛の菊池八重子さんがパンチャーとして打ってくれ、東京へ送稿していた。また私らは普段はオートバイ（私は五〇cc）で市内を駆けずりまわっていたが、遠くの取材や冬になると路面が凍ってオートバイは危ないので支局の雑用と四輪車の運転を行なってくれていた池田さん、通称・池やんが担当してくれていた。池やんは秋田市はむろんのこと、県内の道路事情にも詳しかったので事件があった時は大いに助けられた。

私が秋田で戸惑ったのは、秋田弁だった。取材の時は相手も東京の人間とわかると標準語に近い発音で喋ってくれるが、秋田県人同士が地元弁で話していると最初の数か月は何を話しているか、ほとんどわからなかった。通信部では本荘地域を担当している渡辺さんが電話で原稿を送ってこられると何度も聞き直したものだ。人柄の良い方で何度問うても丁寧に答えてくれた。今でも思い出すのは「スーソー、スーソー」という単語だ。スーソーという言葉の意味が理解できず「スーソー」という語を何度も聞き直した。「ほらスーソーよ、学校にもあるでしょ。二人が乗ってギッタンバッタンと遊ぶあのスーソーですよ」

ギッタン、バッタンで遊ぶ学校にある遊具、という連想からようやく「シーソーのことだ」とわかり「ああ、シーソーですね」と確認すると「そう、あのスーソーよ」という具合だった。

渡辺さんとの会話はいつも楽しかった。その渡辺さんの長男が一〇年後に毎日新聞の試験を受け入社してきた。〝かえるの子はかえる〟とは、よく言ったものだと感慨深かったがこの渡辺君は優秀で、政治記者になった。いずれ政治部の中心記者になるとみられていたが、家族の関係で確か一〇数年で東京から秋田へ戻り通信部記者になったと聞いた。

二・六畳一間のアパートで生活

こうして私は東北の秋田から新聞記者の一年生をスタートした。

東京育ちの私にとって、東北・秋田で過ごした〝トロッコ〟記者時代は、忘れ難い生活であり、何よりの修行期間だった。安普請のぼろアパート一階に六畳ひと間の畳敷きの部屋を借り四年間寝泊まりした。半畳ほどの台所兼洗面所があり、廊下の奥にある風呂は三人も入れば一杯になるという共同風呂だった。いつも帰りが遅くなったので、帰宅してから浴室に行くと、アパートの住人が入った後でお湯は汚れており、入る気になれなかった。だから風呂は小料理屋の「なか」で食事を終えた後、秋田市の繁華街・川反〈かわばた〉の近くにある銭湯に通うのが日課となった。

警察廻りの一年目は、朝早く出かけなければならなかったので、大体朝食は抜きで、朝と昼兼用の食事を県庁の食堂などで食べるのが日課だった。夜は飲み屋街の川反へ行き、夫婦で切り盛りしていた「なか」という小さな店に通った。言えば何でも作ってくれるので独身の記者たちがよく集まっていた。昼間は記者稼業で競争をしていたが、秋田など東北の支局の全国紙の締め切り時間は夕方五〜六時と早かったので、夜になると各社の一〜二年生記者たちがやってきて飲んだり食べたりしてワイワイとくだを巻くことが多かった。

私が秋田に赴任したのは、入社した昭和四二年（一九六七年）の研修明けの五月頃だった。寒い冬が終わり秋田では最も良い季節だった。昭和四二年というと東京では高度成長に入り始めた頃だったが、秋田はまだ農村の面影を色濃く残す地方都市だった。田んぼは青々と気持ちよく、高層ビルも車のラッシュもなかった。新政、爛漫、高清水、両関など日本酒の酒処と秋田美人の多い場所として全国に知られていた。私の赴任先が秋田だと知った友人達は
「シマはいいな、酒がうまくて美人の多いところらしいじゃないか」

とうらやましがられた。ただ私は酒が全くと言っていいほど飲めなかったので酒に関しては苦しい思い出しかない。宴会があると日本酒の飲み会となるので、次々とお猪口に酒をつがれ、「さあ、一気に飲んで」と言われた。ただ、飲む度に気持ちが悪くなって、夜中には吐いていた。吐いているうちに強くなるよと言われたが体質的にダメだったようだ。酒が飲めたら秋田での過ごし方だけでなく、人生も随分変わっていただろうなと今でも思う。

事件が発生した時に備え、記者は四日に一度の交代で支局に泊まり込みする当番があった。当番になると警戒電話（通称：警電）といって深夜十二時過ぎ、早朝の五時、七時に警察、消防、鉄道

公安官に事件の有無を電話で確認しなくてはならなかった。ある当番の日にデスクと明け方まで花札をして、朝七時の警電を忘れ寝てしまったことがあった。当時の秋田は本当に田舎の交通事故までがニュースになる時代で、今振り返ると「どうせ何もないだろう」という気の緩みがあったのだと思う。翌朝九時にいつも通り県警に行くと、なんと早朝に家族五人が焼け死ぬ大火事が発生しており、四年先輩の勝又さんに事情を説明し、何とか夕刊の第一報だけは入れてもらうよう頼んだ。勝又さんには「仕事以外は何をしてもいいが、お金をもらっているプロなんだから…」と言われ、恥ずかしく顔が赤くなった。あの時の思い出は昨日のことのように鮮明に覚えている。しかし、二〇一九年に久しぶりに秋田支局同人の皆で集った時に、この話をしたところ、勝又さん自身は忘れているようだった。どんな小さな仕事でも自分に与えられた仕事は確実にこなせと肝に銘じた出来事だった。

三. 殺人事件に手も足も出ず

一九六八年七月二四日の午前、アパートの部屋をドンドンとたたかれた。ちょうど起きて県警の記者クラブへ出かけるところだった。

「おいシマ、殺しだよ、殺しだ。五城目町で質屋・金融業のTさん老夫婦が殺されたらしい。オレは県警に行くからシマはすぐ五城目町に飛んでくれ」

二年先輩の警察・司法担当の中村浩キャップからドアを開けるなり五城目警察署へ行くよう指示された。中村さんは同じアパートの斜め前の部屋を借りていた。秋田で本格的な殺人事件など三、四年に一件あるかどうかという土地柄だ。しかも五城目町といえば秋田市から車で一時間はかかる秋田市郊外にあり、支局の管轄地域ではあるが行ったことはなく、五城目町がどんな地域かもよく知らなかった。中村さんも殺人事件と知って興奮した面持ちだった。

「詳細はわからないが、どうやらマサカリで殺したらしい、東京本紙の夕刊用の原稿はオレが県警から本社に送っておくからすぐ現場に行って取材を始めて欲しい。もちろん犯人はまだ捕まっていない。人手がいるようだったら、来たばかりだけど通信部に配属となる新人の近藤か上鶴を後から応援にやるから」

中村さんはそう言い残すとすぐ県警本部に飛んでいった。何せ殺人事件など滅多にない秋田支局だけに三年生の中村さんも血が騒いでいるようだった。三、四年に一件ぐらいしかない殺人事件で他社に抜かれたら目もあてられない。特に地元紙の秋田魁新報は社会部をあげて取材にかかるだろうから余程しっかりしないと抜かれっ放しということになってしまう。しかも東京の全国紙である朝日、毎日、読売は東北地方には夕刊がなく、翌朝の朝刊用の締切時間も夕方五時頃と早い。当時は夕方までに東京に原稿を送り、東京で印刷し深夜に刷り上がった新聞を秋田へ汽車やトラックで運び各家庭に配るというシステムになっていた。このため夜中が締切時間の秋田魁に抜かれると、同じような記事をまるまる一日遅れで出すことになってしまうのだ。だから夕方までにその日の取材を終え、魁に先行しておかないと魁は夕方から深夜までかけて取材した記事を悠々と朝刊に間に合わせることができるのである。夕方から夜中までに新しい展開があったり、魁に特ダネを取られると、全国紙は一日遅れのハンデを負ってしまうため全国紙の記者たちは夕方の締切時間までが勝負と思って原稿を書かないと負け戦が続いてしまう。魁とは取材時間にして七、八時間のハンデがあるが、全国紙三紙は条件が同じなので、せめて全国紙三紙の中では抜きん出ないと、〝毎日の記者は何をやっている〟と思われてしまうから大事件があると必死にならざるを得なかった。

五城目町に着くと戦後一度も殺人事件などなかった平和な町だっただけに、町民はまだ捕まらない犯人に不安を覚えているようだった。五城目署には「質屋夫婦強殺事件本部」の看板が掲げられており、五城目署員と県警本部からやってきた警察官が現場検証や質屋台帳などをもとに聞き込み捜査を行なっていた。

しかし同日夕刻までには凶器らしいものはむろんのこと、遺留品や犯人の足取りもつかめていなかった。夕刻の記者会見によると、Tさん夫婦は熟睡している時に頭部を斧のようなもので殴られたようで抵抗した跡はなく、枕元や障子一面に血しぶきが飛び、凄惨な凶行を物語っているという。現場は五城目駅から一〇〇㍍しか離れていない繁華街で地元の者の犯行ではないかとみる向きが強かった。Tさんはしまり屋のしっかりしていた人物で、山林などを持つ資産家だが、現金は二、三日ごとに銀行に預けて手持ちの現金は少なかったといわれていた。

会見では最近の主な強盗殺人事件も発表された。主に三件で、一件は昭和二九年（一九五四年）三月の雑貨商夫婦がナタや鉄棒で殺され腕時計を盗まれたが、犯人は大学生とわかり逮捕された。二件目は三三年（一九五八年）十一月に秋田市の古本屋主人が縄で首を絞められて殺され現金八千円と通帳が奪われたものの、二四歳の会社員が逮捕された。三件目は四一年（一九六六年）二月、銀行帰りの老人が首を絞め殺され現金四百万円を強奪された事件。犯人は当時の道路工事人夫（三八）で逃走先の北海道で逮捕されている。

こうした事件史をみても秋田では強盗殺人事件などは極めて珍しかっただけに五城目町の事件は大きな話題となり、新聞社の支局にとっても必死に追いかけざるを得ない大事件だった。殺しの手法も昭和四〇年代初めだったので、ナタや縄を使ったり、首を手で絞めたというものが多かった。

しかし、私は五城目署に着いても知り合いの警官は一人もおらず、途方に暮れた。とりあえず五城目署に張り付いて警官、刑事の出入りを注視し、秋田市で時折見かける県警本部の人にくっついて話を聞く位の取材しかできなかった。ただ、夜になると五城目署の柔道場らしき部屋でその日に収集した情報の捜査会議をやっていたようなので、道場の外で聞き耳を立てて中の会議の様子を漏れ聞く努力をした。同じことを考えた他紙の記者も道場の中の会議の様子を知ろうと、あちこちで聞き耳を立てていたが、誰もよく聞き取れなかったらしい。どの社も効果は望めず夜中になると諦めて帰った。ただ魁だけは地元で聞いた小ネタを毎日書き続けていたので気になっていた。

二、三日はそんな毎日が続き、こんなことを続けていても捜査状況や犯行の実態、犯人の目星がつきそうにないと内心あせり始めた。だが私もいつもと同様に他社が引き上げると帰ることにしていた。そんなある夜に、大きなゴミ箱を目にした。何気なく近寄ってゴミ箱の中をのぞくと、〝青焼き〟が見えた。図面や文字が書いてあり中から取り出すと、うまく印刷できなかった失敗の青焼きが何枚も捨てられていたのだ。暗くて文字は読めなかったが、どうやら捜査会議で配った青焼きのうち失敗したものを捨てていたようだった。

四・ゴミ箱あさりで逆転目指す

〝もしかすると失敗した青焼きの紙に捜査結果の重要なヒントが書いてあるかもしれない〟と思い、とにかく紙らしきものをゴミ箱から拾い上げ、持っていた袋に詰め込んで泊まり込んでいた宿屋で調べようと考えた。ゴミの汁のついた臭いのくさい紙なども相当まじっていたが、とにかく紙らしいものは全て袋に詰め込んだ。持ち帰った紙を宿屋の部屋で広げ、ごみの汁などをチリ紙でふき取り青焼きを見てみると、まさしく捜査会議で使用した資料のうち青焼きに失敗した紙を捨てたものであることがわかった。半分位しか青焼きができていないものが多かったが、中には紙の端は切れているもののかなりの部分がきれいに読める青焼きもあった。

ゴミの青焼きをざっとみた限りでは、まだ犯人らしい人物は特定できておらず、犯行に関連する資料を捜査員に配っているようだった。ただ、その中にはこの一、二ヵ月でカネを返さないと質入れしたものを取り上げられてしまう人々の氏名と住所を書いた紙もあった。氏名の書いてある似たような紙を探すとまだ数枚の失敗した青焼きがあり、それらをつなぎ合わせると質屋に出入りしていた人物が大体揃いそうだった。さらに現場見取図と題した図面も手に入れた。表玄関を入るとすぐ事務室があり、さらに台所につながって茶ダンス、冷蔵庫、コンロ、流し、戸棚などの位置が示してあった。台所の奥は夫婦の寝室、質棚、質倉があり、質倉の奥は広い土間と土蔵につながっている間取りだった。

玄関や居間、寝室、土間などには×印がいくつもついており、×印は足跡を表していた。夫婦が寝ている枕元にも×印があったので寝室に入って寝ているところを殺害したのだなと推測できた。この図面はそのまま紙面に載せると、リアリティがあって紙面が引き締まるなと思い、大事にしまっておいた。

捜査はなかなか進展しなかった。ゴミ箱情報から、当初は〝金に困った同町の店員らしい男が被害者宅の玄関前にいた〟〝事件当日の午後十一時頃、土地弁を話す男がそわそわしながら同町の

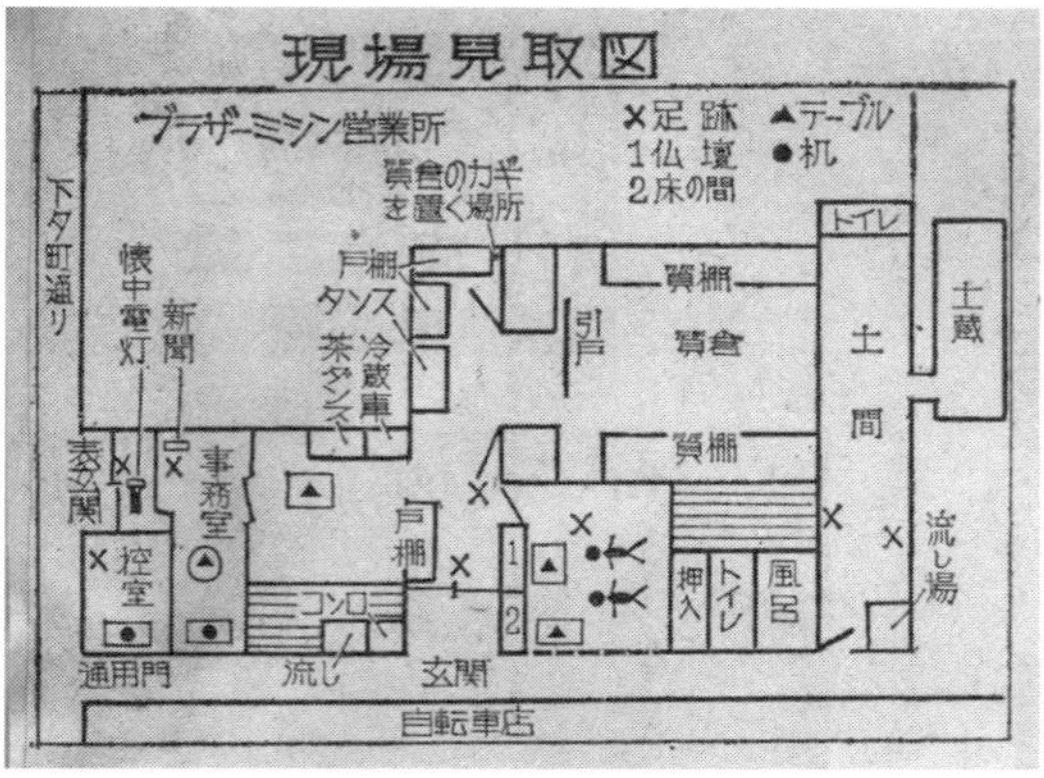

秋田県五城目町の殺人現場の見取図

スシ屋でビール一本だけ飲んでいた〃――などの不審者の動向もかなり書いてあったが、直接犯行に結び付くものはなかった。

事件三日後、一時は行方不明になった元詐欺犯のIを追いかけたという〃青焼き情報〃もあり、「これは有力か」と県警からきた課長に問い質してみたがそれも空振りだった。課長は「そんな情報どこで仕入れたんだい。でも詐欺犯の指紋が一致しなかったし、Iの用件、アリバイ、金の出所も明らかとなり事件とは無関係という結論だったよ。それよりそんな話を本当にどこで聞いたんだ」と、逆にこちらの情報源に関心を示してきた。まさかゴミ箱から拾ってきたとは言えないので、「捜査では結構話題になっていたらしいじゃないですか」ととぼけた。

青焼きから見えてきた捜査の様子は、殺し方、部屋の錯乱ぶり、犯行現場から動機の推定がしにくい、犯人の侵入経路がもう一つはっきりしない、質屋夫婦の日常を知る人が少なく目撃者がいない――などわかりにくい点が多いので、もう一度地取り捜査、前歴者の洗い出し、質屋からの盗品と賃借関係、入質者などの基礎捜査をやり直すということが青焼きに記されていた。そんな情報を毎日、記事にした。特に毎日新聞だけが部屋と死体の見取図を入れると妙に生々しく、警察側は困っていたようだった。それで私の情報源を知りたがり、しつこく聞いてきたのだ。

質入れの状況もわかった。質屋の貸金は三九人に対し八三二万円余、多くは五～十万円だが、中には数百万円も借り返却日が迫っている人物もいた。金融条件は日歩八〜三〇銭、返却期間は一〜三ヵ月で担保に土地抵当としている者がいるなどの情報も書かれていた。また犯人は人目につきにくい場所にある質屋のカギ、凶器に使ったマサカリの在り場所も知っていた内部情報に詳しい者、捜査線上に浮かんだ約五〇人のアリバイ捜査と多量の返り血を浴びたと思われる衣類の発見に全力をあげるよう指示されていること、などもわかった。青焼きの資料は貴重な情報源となるので、新人の近藤君も応援にきて分析を手伝って欲しいと支局に連絡したりした。

近藤君が応援に加わったので、青焼き資料の分析も手早く行えるようになった。夜中の一、二時までゴミ箱の資料をあさり、それを宿屋に持ち帰って分析し、原稿に書けそうなこと、資料から見えてくる質屋夫婦、犯人像の輪郭——などを紙に書いてまとめるとすぐ三時、四時になった。しかし、捜査の状況が手に取るようにわかっていたので、翌朝は朝駆けをサボって多少寝坊しても焦る気持ちはなかった。

急転直下の事件解決

ただ近藤君は「あの夜の資料漁りは見つかると犯罪扱いにされるんですかね」と聞いてきた。その点は私もちょっと心配したが「警察がいらないと判断してゴミ箱に捨てたのだから盗みにはならないし、犯罪にはならないんじゃないの」と答え、気にしないことにした。もし見つかったら「あんた方が不用だと捨てたものなんだから盗みにはならないでしょう」と居直るつもりだった。

しかし、事件はトンでもないところから急転直下解決した。犯人は東京在住のI（三一）で、秋田にやってきた男だった。事件当夜、五城目町からタクシーで秋田市にやってきて、宮城刑務所で一緒だった秋田市のO（五一）と会い、金を借りた際、Iが五城目町殺人のことを話していたとの情報があったことがわかったからだ。そこでIの住む東京へ捜査員を派遣し、重要参考人として逮捕したところ犯行を自供したのである。県警捜査官も「現場からは何も証拠がなかったので自供をとるまで五分五分の可能性だった。決め手となったのは血痕のようなものを残しており、それを指摘すると、〝現金欲しさに一人でやった。盗品は東京で処分した〟と自白したのである。

事件から十日目の逮捕となったが、捜査の本流とみて追いかけていた犯人像とは全く違う別人でいわゆる行き当たりばったりの〝流し〟の犯行だったのである。ちょっとした聞き込みから事件のきっかけをつかんで犯人逮捕に至った珍しい例だったともいえる。

当時は残された指紋のDNA検査をして拘留中の容疑者のものと照合するといった科学捜査の

手法はなかった。このため、容疑者の状況証拠を多く集めて突き付け、自白させるというのが主流のやり方だった。〝自白こそ最大の証拠〟といわれ、本人しか知らないことを言わせることが取り調べのコツだった。そこで、自白させるために机をたたいたり、大声で脅したり、時には体を痛めつける、など手荒な取調べもあった。

私が現場の見取図を新聞に掲載した事を警察が嫌がったのは、「犯人が新聞を見て知った」といえば本人しか知らない情報とは見なされず、公判の時に有利な証拠として取り扱ってもらえなくなるからだった。本人だけが知っている供述を引き出せば犯人特定がしやすくなるので取調べのテクニックは警察官にとって極めて重要だった。各警察署には〝落とし（自白させること）の名人〟といわれる取調べ官が必ず何人かいたものだった。

「落とすコツってあるもんですか」

「そりゃあ、まず証拠を集めることが一番さ、ブツ（物的証拠）がない場合でも状況証拠を積み重ね相手がトボけたり、逃げたりできないように理詰めで調べていくと、結構口を割るもんだよ」

新人記者の問いに、ベテラン刑事は過去の事例などを持ち出しながら案外具体的に説明してくれたりしたものだ。

「手を出したり、何時間も取調べて眠らせないようにしていたりすると、相手は面倒くさくなって、こっちの筋書きを認めることも多いけど、そういうやり方だと公判中などに、〝あまりしつこく同じことを問い詰められたりしたので面倒くさくなって調書にサインしましたが、本当はやってません〟と後で否定されることもあるから、取調べは慎重にやらないと後々に面倒なことになるから強引すぎてもダメなんだ」ともいう。ただ科学的捜査が未熟な時代は、どうしても自白に頼りがちとなり、冤罪事件としてしっぺ返しを食うケースも少なくなかった。

ゴミ箱あさりは取材で役に立ったが、警察は私たちのゴミ箱あさりに気付いたようで、犯人が逮捕された後に焼却炉を買い入れ紙類は焼くようにしてしまった。

下積み生活で大火を経験

一年目は交通事故や盗みの話、四季折々のイベントなどを取材して中村さんに原稿を見てもらっていた。大きな事件もなく、それこそ淡々と日が過ぎていく感じだった。私は過去の記事を切り抜いてノートに張り付け、それを見ながら原稿の書き方を覚えていった。同じ交通事故でもベタ記事にしかならない場合が多かったが、事故原因などが珍しかった時は警察官に掘り下げて聞き、新たな事故の発生が増えてきた――などと傾向記事にすると三段、四段記事と大きく扱ってもらえることもわかり、少しずつ原稿を面白く書くコツを覚えていった。

また県北の大館市で二六五棟を焼く大火の取材をした時は、先輩から言われていた火事取材の難しさを実感した。焼けた棟数、負傷者数、焼け出された世帯数と原因、家屋を焼失した人々の話、焼失した場所の特徴、今後の対応などを夕方までにまとめ書かなければならない。焼失の棟数などは自分で数えるわけにはいかないので消防署の発表を待たなければならなかったし、火事の原因となると消防署や警察の調べも取材しないと迂闊なことは書けないからだ。この大火には、東京から毎日新聞社の航空機「新ニッポン号」が飛んできて焼け野原となった大館駅前付近の航空写真も撮影していたので、秋田版だけでなく全国紙面にも原稿を送らねばならず、まさにてんてこ舞いの忙しさだった。秋田版の〆切時間である夕方が迫ってくると原稿用紙に原稿を書く時間も無くなるので、そんな時は電話に飛びついてメモ帳を見ながら弁慶の勧進帳を真似て原稿を頭で作りながら支局や本社へ送ったりした。

「勧進帳で送りますのでおかしな言葉使いは後で適当に直しておいて下さい」と、断ってから送ったものだ。

「大館発。十二日白昼、秋田県大館市の繁華街で大火が発生、秋田県災害本部の調べによると住家、非住家合わせて約二百六十五棟、十四万五千九百五十七平方㍍を全焼し、三百一世帯、九百八人が焼け出された、空気が乾燥していた上、約八㍍の西風に煽られ大館市二丁目の繁華街をなめるようにして燃え広がった。同市の消防車十六台と近隣市町村の消防車も駆けつけ午後二時四十分頃ようやく鎮火した。大館市の大火は戦後五度目で、原因は近くの呉服店でゴミクズを焼いていた店員の過失と見られ重要参考人として調べている」

翌朝の新聞一面のトップ記事に「猛火、大館市繁華街を一なめ　二六五棟焼ける」「強風下で大火に　戦後五度目　田んぼに逃げる被災者」「煙を出すガレキの原　ゴミ焼きの店員取調べ」――などの活字が躍っていた。翌日の秋田版には、その後取材した「高校生、街頭カンパ　婦人会もお米供出」「狭い道路が消火妨げ　用水不足も大事を招く」「被災者へ愛の手ぞくぞく　渡されたナベ、カマにホッと」「寒さの中、復興へ　立ち上がる被災者」などの見出しが続いた。

この火事取材でも、たしか大館に一日泊まった記憶がある。焼けた棟数、大火となった要因、市民の様子などは必須の記事の内容だが、焼失棟数、原因などは現場を見ただけでは書けず、大見出しになるので必死になって消防署や警察に聞き込んだものだ。また焼け跡の状況や市民の声などもできる限り細かく見たり聞いたりした。同じ火事でも大火となると一面、社会面、県版と原稿を書き分け、まるで違った取材、紙面になることを知った。取材する時は、その取材対象がどの程度の大きさの記事になるかを事前に判断しておかないとダメなんだな、ということを思い知らされた事件だった。しかし、たとえ大きな記事になると予想して取材し原稿を書いても、同じ日にもっと大きく衝撃的な事件と重なると容赦なく東京のデスクの手によって削られたり、ボツにされることも度々あった。そんな時は支局長や私が直接東京のデスクに、「もう少し大きく扱って欲しい」とか、「ボツにしたあの原稿は今度また話題にするのでやはり紙面化しておいて欲しい」などと掛け合ったものだ。新聞記者は自分が力を込めて書いた記事には執着を持ち、あの手この手の口実をつけて一段でも大きく扱って欲しいと考える性を持つ人種なのだ。

苦労した写真集め

秋田支局で苦労したもうひとつの思い出は、男鹿半島沖で船が難破し船員が海に投げ出され数人が亡くなった事件だ。事件、事故で亡くなった人が出るとその家族の感想を聞き、顔写真をもらって新聞に載せるのが当時の習わしだった。男鹿半島の事故がわかったのは夜の時間帯で、秋田市から車で一時間以上かけて亡くなった人々の家をまわった。しかし夜なので男鹿の一帯は暗く、どの家が事故にあった人の家なのかわからず、現場についても、家を探しだすのに苦労した。その時気づいたのは、車でまわって探していると明かりがついている家が何軒かあったので、その家に出向いて、「もしや遭難した方の家ですか」と聞いてまわることだった。心配して家族が待っていたり、死亡が確認されてお通夜を行なっている家だろうと推測したのだ。そこで、次々と明かりの付いている家をまわることによって、無駄なく見つけ出すことができた。

「夜分にすみません。今日船の事故に遭われたというので少しお話を聞きたくてお邪魔しました。」

ひと通りの話を聞いた後で「明日の新聞に顔写真を掲載したいので、お写真を貸していただけませんでしょうか」と本題を述べる。「折角ですから一番大事にしていた写真をみせていただけると亡くなったご主人も喜ばれると思うんですが…」

そう言うと、田舎の人は親切でアルバムを持ってきてくれて亡くなった人の写真を何枚か取り出してくれる。本来なら借りて持って行きたいところだが、失くしたりすると大変だし、また写真を返しに来るのも手間がかかるので、接写レンズを使って数枚撮るのが普通だった。

しかし、せっかく亡くなった方の家を見つけて写真を借りようとすると他社がアルバム全てを持ち帰った後だった。困り果てていると、近所の人が「私の家に一緒に写した写真があるから持ってきてあげるわ」と家に取りに帰ってアルバムを抱えてくる人もいた。

また先にＮＨＫがきたのか、ポラロイドカメラで写した写真の写し残しを置いてある家もあり、それらは借りてきた。後でＮＨＫの記者にポラロイドで写した写真があったので借りてきたよと礼を言っておいた。交通事故死の場合も、当時は秋田版に死亡写真を載せるのがしきたりのようになっていた。亡くなった人の家に行き顔写真を借りてきたり、その場で接写してくるのは結構辛いものだった。一応お悔やみの挨拶をし、どのタイミングで写真の件を切り出すか、いつも悩ましかった。ただ翌朝の新聞に死亡写真が載っているかいないかは新人記者にとってウデを試されているようで、その家にない時は隣近所まで廻って事情を話しもらい受けたりしたものだ。

地元紙には、アルバムを全部ごっそり持って行ってしまうという意地悪をされることも少なくなかった。そんな時は地元紙を訪ね頭を下げて借りてきたりした。屈辱的な思いもあったが、とにかく死亡者の写真集めは若いトロッコ記者の必須の仕事になっていた。

男鹿半島で事故が起こった時は、数軒訪れなければならず夜早々に男鹿に向かって車を飛ばしたが、写真集めを終えて支局に戻った時は既に朝方になっていた。

秋田大学の連載を70回

秋田支局時代の仕事で忘れがたい取材は「秋田大学」の連載を一年間にわたり七一回書き続け

たことだ。毎週一回、一五〇行ぐらいの連載だったが、一週間はあっという間に来てしまうので、大体二、三本のストックを持っていないと焦ってしまう。一年間の連載は本当に苦しかった。連載以外の日常的な取材もあるので、結局執筆は土、日になることが多く、連載中の入社二年目の土、日はいつも六畳一間のアパートでうなりながら原稿用紙に向かっていた。

この連載では、一体、現代の学生や大学、取締りの警察、親たちなどはどう見ているのだろうか、という点について本音で少し語り合ってもらったらどうか、と思いついた。

出席者は藤島主殿・秋田大学学長代行、田村重道・学生会中央執行委員長、伊藤忠二・県教育長、鈴木次男・県公安委員長と主婦を代表して梶尾蓉子さんの六人だった。学生自治会委員長と公安委員長や教育長らが同席して話合うことは珍しく反響も大きかった。

大学紛争をどう思うかという基本的な質問について「大学生と高校生の二人の子供がいるので無関心ではいられないが、どうもよくわからないというのが本音です」「大学は古い制度なのでなかなか変化せず時代に対応して行けない。そんな不満が紛争の根にあると思う。社会に対する不満も大学紛争の場で出されている。不満を出す力を大学が養っているみたいで。大学は不満を一手に引受けている感じがしますね」「昨年六月、新制大学になって初めてストライキをやった」「特に社会に対して抗議するのに大学の授業をボイコットするのは見当はずれだと感ずる」

「学生のストライキには既成の権威や秩序を破壊するという主張も含まれているんですが、それがイコール大学の解体、全てをぶっ壊さなければならないというふうにはつながらないと思います」「秩序の崩壊、権威の破壊という二つの考え方があるんでしょうが二つが混乱しているように思う。良くないにしても封鎖、占拠は良くないし有効ではない」「法秩序を乱すことがあれば処理する。これが警察の仕事です。この点ははっきりと考えておいて欲しいですね」

討論はこのほか大学と警察権の問題、大学の自治の問題、秋田大学特有の教職と良い教師のあり方、地方大学のあり方など多岐にわたり、意見が衝突することや互いの理解不足に気づき納得し合う場面などもあり、なかなか有意義で特色ある連載になった。

五．秋田大学医学部創設をスクープ

秋田時代の記者生活の忘れ難いもうひとつの出来事は、秋田大学に医学部を創設するというニュースだった。秋田大学でも大学闘争が続いていたし、暇があれば大学へ顔を出していた。そんな時、闘争の中心になっている学生の一人が「シマさん、秋田大学に医学部を作るというウワサがあるんですけど本当ですかね」と聞いてきた。

当時、全国の大学の医学部を改革するという話は大きな話題となって出回っていたが、秋田大学に医学部を作るという話は初耳だった。東大でも医学部改革を巡って大きな社会問題になっていたし、全国的にみて医師が少ないというのは国家的課題だった。特に地方には無医村のところが多く、地方の病人を大都市の病院へ連れていくほど高齢化が進んでいた。老人の増大は医療体制の危機問題になっていたのだ。そこで懇意の教授に医学部創設の話を取材してまわった。

「各県の新制大学に医学部を作るという話があるみたいだね」という。

「すると秋田大にも医学部ができるんですか」

「うーん、地方の医師不足は深刻な問題になってきているからね。でも秋田大に医学部を作るとしても、よその大学のずっと後になるんじゃないかなあ」とまだ疑心暗鬼のようだった。

しかし新制大学に医学部を作れば、各県の大学に医学部ができることになり、日本の地方の医師不足も解消されることになる。これはなかなか面白い話だなと思い、調べる価値は十分にあるなと感じた。よし、もう一度あの心理学の懇意の教授にあたってみようと決心した。

「この秋田大に医学部を作るかもしれないという先日の話ですけど、学生たちの間でも結構ウワサになっているみたいですね」

「そうかね。まあ、秋大生にしてみれば、自分が行くかどうかは別にして秋田大に医学部が出来ればぐっと秋田大学の格が上がるからね。誇りを持てると皆、思うんじゃないか」

秋田大学は、複雑な大学といえた。戦後の新制大学として義務教育の学校の先生を養成するための旧師範学校から衣替えした教育学部と、日本唯一の鉱山学部が一緒になって出来た大学だったからだ。秋田には昔から県北の方にいくつも鉱山があり、鉱山を研究し勉強する鉱山学部の存在は極めてユニークだった。ただ日本から鉱山が減少してきたため、かつては全国的に有名だった鉱山学部の存在感は徐々に薄れていた。そこへまた全く毛色の違う医学部が新設されるということになると教育学部、鉱山学部、医学部の組み合わせはいかにも異色に見えたし、上手くまとまってゆくのかと不安視する声もあったのである。

戦後初の公立大学医学部設置をスクープ

実は秋田には終戦直後の昭和二〇年四月に当時の久安博忠知事の発案で県立女子医学専門学校が生まれていた。乳児院の死亡率や青年の結核患者が多かったこと、さらに保健衛生が貧しかったことなどから医専の設立に踏み切ったといわれる。

さらに昭和二二年になると県立医科大学への昇格話が持ち上がった。その昇格運動に奔走したのは、当時庶務課長で、その後知事となる小畑勇二郎氏だった。一度食らいついたら決して離さないといわれた小畑知事は、「まさか本当に出来るとは思わなかったですね。我が耳を疑いましたよ」と後に知事になってから述懐している。

早稲田大学の大浜信泉総長がライバルの慶應義塾大学の医学部に対抗して苦節二〇年の努力を注ぎ込んだが、ついに作ることができなかった医学部。それがいわばポッと出の分際である新制大学の秋田大学に、それも戦後初めて設置が認められることになったのなら〝まさか〟と思うのは当然だったろう。小畑〝課長〟は、大学設置基準に見合うよう東北大学に出向いて図書や顕微鏡などの医療器材をかき集めたり、仙台刑務所に出かけて解剖用の死体をもらいに出かけたこともあった。

「当時は死体が不足していてね。ホルマリン漬けの死体を見たのは初めてでしたよ」と二〇年以上前の苦労を偲んでいた小畑知事の口ぶりを思い出す。

しかし、その努力も灰に帰してしまった。実は、医科大学への昇格運動の真っ最中に女子医専が火災を起こし全焼。女子医専の大学昇格への話は一転しわずか二年で廃校処分にひっくり返ってしまったのである。

医学部設立が再びクローズアップされてきたのは二〇年後の昭和四〇年頃、県内の医師不足が深刻になってきたためだ。公的な医療機関だけでも毎年一〇〇人前後の医者が足りず県首脳部は毎年東北大、新潟大、弘前大などの各医学部にそれこそお百度を踏んで医師派遣を要請していた。医師充足率は人口十万人に対し七九・五人と全国でも下から二番目。再び医学部構想が出るのは自然の成行きでもあったのだ。

四二年六月、小畑知事を会長とし医療関係者、各種団体代表者から成る「秋大医学部設置期成同盟」を結成し県民運動として文部省はじめ関係省庁、団体へ猛烈な陳情が行われた。この年、初めて文部省へ予算要求を提出したが、軽く蹴られてしまう。しかし四四年、大蔵原案ではゼロ査定だったが、県議会は設置要望の決議を行ない、地元出身の国会議員は超党派で政治折衝を重ねたし、秋田大学も必死となって陳情を重ねた。まさに県を挙げての運動となった。

それでも四四年度予算の大蔵省原案はゼロ査定だった。しかし秋田県は復活要求を医学部一本に絞り粘りに粘った結果、「医学部創設準備費四百四十四万八千円」がついて、土壇場で医学部への足掛かりをつかんだのである。まさに二〇年余の悲願と執念の結果だった。ただ代償も少なくなかった。県は医学部の敷地十六万㎡を購入し整地及び造成を行ない基礎校舎を建設する。また県立中央病院を医学部の暫定的な付属病院として移管し必要な施設、設備の充実を行なう——など秋田県の負担は大きかった。

秋田大学にモデル医学部作り

新設大学の医学部には系列がある。旧大学に新設医学部が出来ると聞くと、自分の大学の系列に組み込もうと猛烈な取り合い合戦が始まるのだ。全国的にみると東大医学部と京大医学部を頂点に系列が出来上がっている。系列の医学部ができれば、新設の医学部に教授、助教授や助手、医局員などを送り込むことができるので、その系列の取り合いは激しいものがあった。

新設の秋田大学医学部は東北大、新潟大、弘前大などが狙っていた。東大、京大はさすがに秋田は遠すぎて系列獲得争いには加わらなかったといわれる。結局、秋田大医学部は東北大系列に入ると聞こえてきた。新しい医学部長には東北大の九嶋教授が就任するという声があり、文部省は秋田大学に戦後初の〝モデル医学部〟を作るともいわれていた。

当時、全国の有名大学の医学部では医学部紛争が相次いでいた。医学部は〝白い巨塔〟といわれ、医学部教授をトップに助教授、助手、医局員、研修医などの厳しいヒエラルキー（序列）があってその運営は極めて主従関係のきつい非民主的なあり方が問題にされていたのである。特に医局員、研修医などは無給な者が多く、既

毎日新聞　昭和44年(1969年)　9月18日　(木曜日)　(日刊)

モデル医学部構想を発表

講座と切離し細分化

診療科 助教授、講師も主任に

学部新設の秋田大

九嶋教授

〝権力関係〟改め

無給医なくす

第24回 国連総会ひらく

毎日新聞

1面のスクープ記事となった秋田大学の医学部構想（著者執筆）

©毎日新聞1969年09月18日東京朝刊1面

存の医大若手の間では医学部改革の造反の嵐が吹き荒れつつあった。

そんな時に新制大学に医学部を新たに創設する以上、新しい医学部は〝モデル医学部〟として作ろうとするカケ声が多かったのである。しかも新設の秋田大学医学部を戦後初の新制大学医学部の第一号とし、モデルになるような学部にしようという話が出ていた。秋田大学を新制医学部のモデルとして設立するというなら、当時の医学部紛争にも大きなインパクトを与えられるかもしれないと考え、にわかに秋田大のモデル医学部構想に取材意欲をそそられた。それには医学部長になるといわれた東北大学の九嶋教授に構想を聞くのが一番だと思い取材を申し入れた。

九嶋教授に会うと、秋田大医学部を戦後の新制大学医学部の第一号にすること、これまで医学部教授を頂点とする封建的な〝白い巨塔〟といわれるような医学部作りを止めること、開明的で民主的運営のできるような医学部にしたい——など、モデル構想の大ざっぱな骨組を明らかにしてくれた。そこで私は、その話を元にさらに取材を加えて「秋田大に医学部モデル構想、白い巨塔の医学部から脱せるか」——といった趣旨の原稿を書き、東京本社の大学問題担当のデスクに大きく扱って欲しいと売り込んだ、医学部紛争は当時の大学問題の核心部分でもあったので東京の理解も早く、原稿内容を評価してくれた。それが昭和四四年（一九六九年）九月一八日付の一面トップに掲載された。その記事を見た小畑知事は「よく構想の中味を詳しく書いたね。私にとっても秋田大学の医学部創設は悲願だったんですよ」と労をねぎらってくれたのが印象的だった。秋田大学の連載は苦しかったが、医学部創設といったいくつかの〝スクープ記事のおみやげ〟もついて来たのである。

秋田大学の連載を申し出たのは、一時はまったく沈滞した大学改革闘争が再び燃え上がりつつあったからだ。当時はまさに全国で大学紛争、全共闘運動が動き始め、北の秋田でも大学紛争で揺れ出していた。秋田大学と日大系の秋田経済大学では、その後それこそ全学ストが何日も続き、学生と警察の間で何度も衝突が繰り返されたし、最終的には火焔ビン闘争にまで発展した。

実は、私も慶應義塾大学在学中に全学ストの指導部にいたし、手をつないで銀座通りを一杯に広がるフランスデモやジグザグデモを行ない、たまにはプラカードで警官の棍棒をかわす盾にして使ったりしていたから、他人事とは思えなかった。

一九六〇年を過ぎた当時は、安保反対の闘争が終焉し学生運動は火が消えたように静かだった。自治会活動は全国どこの大学も燃え上がっておらず、活動家が二〇人程度でハンドマイクで演説したり、立て看板を作ったりしている程度だった。六〇年安保闘争の時は、反対闘争のデモで樺美智子さんが亡くなったこともあり、都内で数万人にも及ぶ学生たちがデモを行ない、高校生も参加していた。私が高校三年生の時で、高校が国会の近くにあったから授業中もデモの騒動が聞こえたし、放課後デモに参加する機会も少なくなかった。しかし国会で安保法案が議決されると、次第に運動は小さくなり、六二年（昭和三七年）、六三年になると安保闘争の熱気はウソだったように治まり、その後学生運動は〝冬の時代〟となっていた。

慶応義塾大学の全学無期限ストから大学改革闘争へ

その冬の時代から学生運動全体が再び盛り上がってきたのは、私が自治会の活動をしていた六二年の慶應義塾大学の授業料値上げ反対闘争からだった。初めは日吉（一、二年）の学生食堂の値上げに自治会が反対したことに始まり、次いで授業料の値上げ問題で一挙に学生の関心が高まった。そして次第に大学自治とは何か、当時の学生カリキュラムで満足できるのか、授業内容をもっと改革すべきだ――といった大学改革運動へと広がっていった。特に授業料が大幅に上がると大学入学が金銭面から難しくなり、そのことによって優秀な学生も入学しにくくなって大学の質が低下するのではないかという懸念を多くの学生が持ったのだ。

当時、慶応義塾大学は地方の裕福な学生が多く入る〝金持ちの大学〟と見られがちだった。しかし実態は早稲田大学より授業料は安いぐらいで世間の印象とは異なっていた。実際、多くの学生は学生服で通学し、アルバイトをしながら下宿代や授業料を支払っていた者が少なくはなかった。それだけに入学金と授業料を十二万円から一挙に十五万円と値上げし、さらに大学が発行する債券一〇万円と施設拡充費十万円（分納可）も同時に新年度の入学生から徴収するという大学案は、全部支払うとなれば三倍になる。値上げは在学生には関係ないとはいえ、将来の慶応義塾大学の在り方を考えると在学生から見ても大学の質の低下などにつながるという危機感が広がり、これから入る学生だけでなく在学生も含めた全学的な関心の的になったのである。このため、在学生の各クラスで授業料問題と大学の今後の在り方についてクラス討論会を相次いで行ない、クラスの声明文などが次々と発表されていった。慶応は何となく〝お坊ちゃん学校〟と見られていたが、授業料の値上げで本当に「大学の質が変わる」という自治会の訴えは、学生だけでなく若い助教授たちの胸にも響いていた。それだけに、授業時間の中でクラス討論をやりたいと申し出るとあっさり了承する教授たちが多かった。私は日吉自治会の執行部の幹部だったため、値上げ反対のキャンペーンを展開した。

クラス討論会は主に一、二年生のいる日吉の教養学部で行われたが、授業料の大幅値上げは大学や学生の質の低下につながるという論理は多くの学生に受け入れられ、授業料の値上げ反対、値上げの白紙撤回運動につながっていった。また授業料値上げ問題から大学の質はどうあるべきか、そのためには今のカリキュラムを続けていて良いのか、大学の学問は何のために行ない、本来の大学の在り方はどうあるべきか、といった本質的な大学論などがクラス討論会でかなり真面目に議論された。大学で良い成績を取り、良い企業に就職すれば将来の生活は安定するとみられがちだった大学入学の意義について基本から見直す討論が結構活発に行われたのである。

クラス討論は左派系、リベラル系の自治会が握っていた経済学部、文学部で盛んに行なわれ、右派系勢力が強かった法学部、商学部などでは比較的低調だった。

二月に入ると、日吉全体の全塾自治会と各学部自治会が「授業料値上げの白紙撤回」「学生の手による大学自治の改革」などを掲げて各学部で次々と学生大会が行われていった。と同時に要求を貫徹するための全学無期限ストも提案され、ストライキも可決されていった。最終的には日吉の全学学生大会で「値上げの白紙撤回と無期限スト」を自治会から提案し、可決された。当時はまだ全国的に全共闘やゲバ棒を持った学生運動が展開される以前の自治会活動だったので、大会出席者に用紙を配り投票を求めるというその後の運動形態から考えると極めて穏健で民主的な手続きを踏んだものだった。

日吉の全塾自治会委員長は法学部の沢田昭三、経済学部委員長は生井俊重、文学部は佐久間周治などが就任しており、毎晩学校に泊まり込んで作戦会議やビラ、立て看板づくりなどを行なった。私は声が大きく、アジテーションもうまいからということでいつも学生大会の議長役を務めたが、三田に行ってからは経済学部の委員長も務めた。

学生大会議長で無期限ストを決議

学生大会は二月の寒風が吹く中、日吉校舎の中庭で行なった。全学の闘争本部長となっていた呉市出身で経済学部の長尾俊雄が首に巻いたマフラーを風になびかせながら、聴衆の学生たちの胸に響く名アジ演説を行なった効果が大きかった。長尾の演説に聞き惚れる女子学生も少なくなかったほどだった。私はこの学生大会で議長役を務め、学生大会が終了した後に長尾ら三、四人と大学側の学生部長のところへ行き、白紙撤回要求の内容と無期限ストに入ることを通告した。時期が二月で期末試験のシーズンに入る頃だったので、無期限ストを行なえば期末試験とぶつかるため通告しておいた方が良いだろうという判断だったのだ。

学生運動が下火になり冬の時代を迎えている時に、慶応が無期限ストに入るという事態は社会的にも大きな反響を呼び連日、全国紙にも報道されることとなった。無期限ストに入るため、自治会では活動家やボランティアを募りスト態勢を作った。毎日、毎晩二、三百人の学生が集まり、大学側の職員や教授らが勝手に入って授業を行なうことができないよう日吉の大学門入口数ヵ所に机と椅子などを積み上げてバリケードを作り、針金で縛り付け物理的に入校できないようにした。そしてその夜からは大学に泊まり込み気勢を上げ、翌朝に備えることにしたのである。翌朝になると、大学職員や教授たちが登校してきたが学生大会の決議を伝え、校内に入ることを遠慮してもらい阻止した。

一般学生は、無期限ストライキを実施し始めたことを知っていたが、期末試験シーズンと重なるため落ち着かない様子だった。そこで自治会では、大学改革のクラス討論会や大学カリキュラムの変革を目指した〝自主講座〟などを開くとともに大学側（学生担当理事、学生部長ら）と団交（団体交渉）を行ない、その結果を毎日、夕方以降に大教室に集まった数百人の学生たちに報告した。

大学側との交渉はなかなか進展せず、「授業料の白紙撤回はできない」「大学改革については今すぐには応えられない」などの回答が続くばかりだった。そこで自治会側としては団交だけではラチがあかないので、高村象平塾長との直接交渉を申し入れようということになった。学生の要求を決めた学生大会の議長役だった私と闘争本部長の長尾ら三、四人が交渉に行くことになった。当時、高村塾長は病気で慶応病院に入院していたが、学生の代表が訪れるということを知って面会に応ずると連絡が入った、高村塾長も日吉が無期限ストに入り、期末試験の見通しが立たないことを気にしていたようだ。本当に期末試験のボイコットまで進展すると、学生たちの進級が出来なくなる上、特に四年生の卒業が難しくなり、内定している就職にまで影響する懸念があったからだ。

二月のある夜、私らは入院先の慶応病院に行き、高村塾長と話し合いをもった。

「学生大会の要求は値上げの白紙撤回と大学改革です」と告げると高村塾長は

「今ここで白紙撤回の塾長印を押すことはできないし、大学改革もすぐ回答することは無理だ」

と言い、細かいやりとりをしたがほとんど進展することはなかった。私達はその回答を持ち帰り夜の大教室で待っていた数百人の学生に報告した結果、無期限ストを今後も続けて譲歩を迫るという決議に落ち着いた。

高村塾長と団交

ただ、大学側も学生側の意思が固いことを知るとともに、期末試験の実施ができなくなることに憂慮を感じ、妥協案を提示してきた。その内容は①授業料の白紙撤回には応じられない②但し義務としていた塾債一〇万円の購入は任意とする③今後、大学の改革問題については学生側との協議に応ずる——といったものだった。

自治会の内部討論では、「授業料の値上げ白紙撤回を拒否された以上、このまま無期限ストを続けるべきだ」「一〇万円の塾債購入が任意となり事実上撤回させたことはかなりの成果とみていいのではないか」「このままストを続けると学年末のテストはできなくなり、三田で卒業を控えている四年生は卒業が難しくなり、就職内定者らはスト継続に反対している」——などの意見が交錯した。一、二年生中心の日吉の自治会は「ストをできるところまでやる」という意見が多かったものの、三田の自治会は「就職を控えた四年生を巻き込んでストを続行することは難しい」との判断が大勢だった。

そこで日吉と三田の自治会の話合いで、日吉と三田を合わせた全学の学生大会で決しようということになり、自治会としては「無期限ストを続行する」という提案を出し、投票にかけることとなった。

全学学生大会は、三田の正面から入った南校舎前のなだらかな坂に学生が集まって行われた。南校舎前の坂は学生たちでびっしりと八千人以上で埋まり、緊張した雰囲気が漂っていた。三田と日吉の自治会から二人ずつ議団長四人が選出され、南校舎から中庭に入る校舎の階段に議長席が作られた。私は日吉側から議長団に加わった。自治会の提案に対し、長尾ら数人が賛成演説を行ない、体育会系の三田の三年生が反対演説を行なった。結局、一、二時間後に投票を行なうことになった。

投票の結果は賛成七千四百七十九票、反対四百七十七票、棄権百四十九票と圧倒的大差でストの続行を可決した。

この慶応の反対運動は、一般社会でも注目を集めていたので全国紙にも毎日のように報道された。特に八千人余の学生で埋め尽くされた学生大会の報道写真は壮観で全国の学生自治会の注目の的となった。

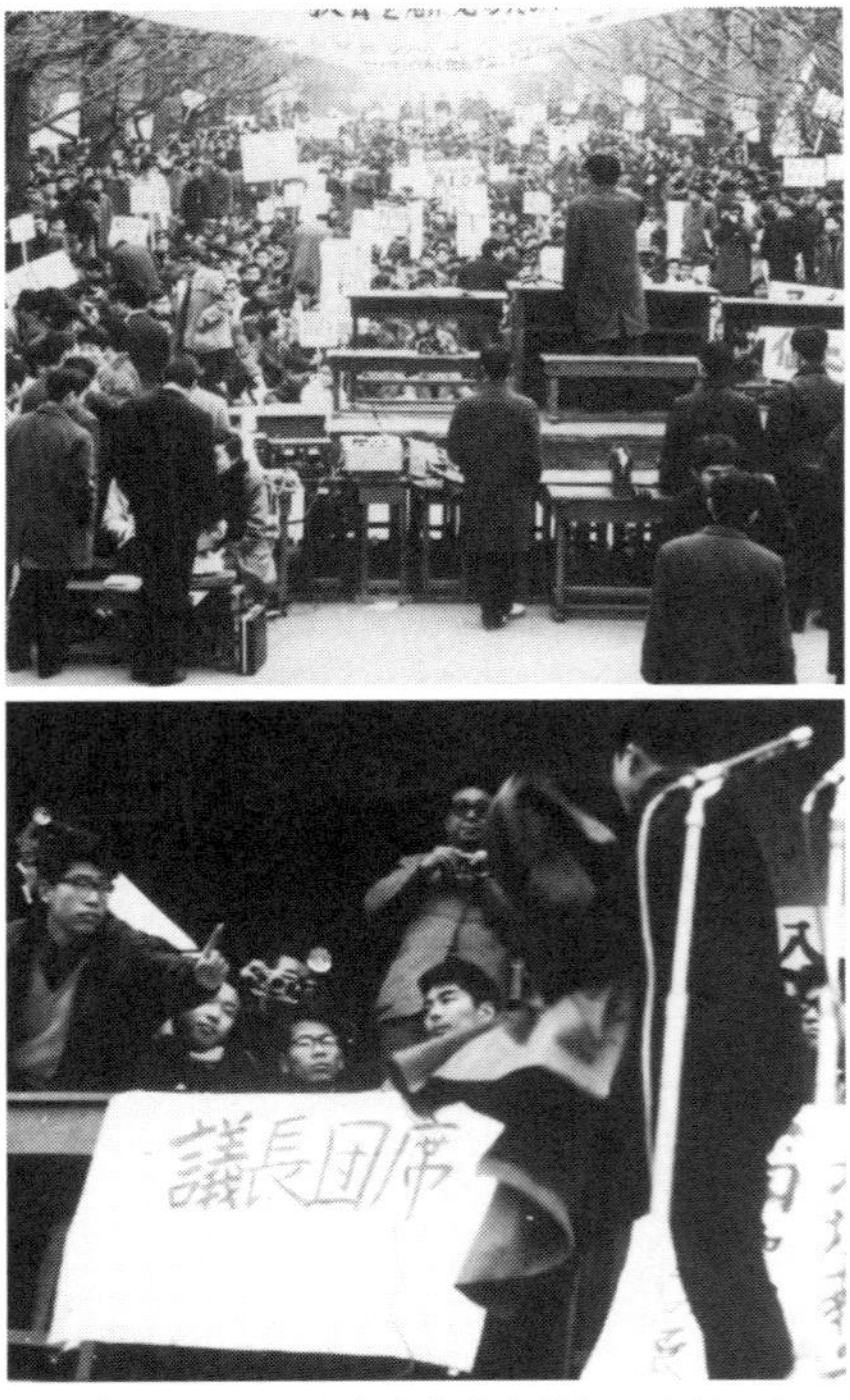

1965年1月28日から慶応義塾大学初の全学ストに突入。日吉のバリケード封鎖。上の写真は日吉並木道入り口。写真下の議長団席左のメガネをかけているのが筆者

1965年2月5日慶応義塾大学全塾学生大会・三田南校舎前

慶応闘争から早大、東大へ

ちょっと長くなったが、秋田大学の闘争をみているうちに自分の学費値上げ反対闘争を否応なく思い出したのだ。ただ慶応の運動からわずか三年しか経っていなかったが、学生運動の様相は大きく変わっていった。安保闘争後、一時は火の消えかかったように沈滞していた学生運動が慶応の学費値上げ反対闘争をきっかけに再び学園改革、大学改革闘争として盛り上がってきたのである。慶応で運動がある程度終息したので、自治会で総括パンフレットを発行すると、北は北海道から南は九州まで全国の大学から総括パンフを送って欲しいという要請が相次いだ。そればかりでなくわざわざ慶応の自治会を訪ねてきて「なぜあのような運動に盛り上がったのか」と当時の学生の心情や運動のやり方を聞きに来る自治会幹部も少なくなかった。学生運動そのものが全国的に冷え込んでいた時代だっただけに、どこの学生自治会もどのようにして学生を運動に引っ張り込めるかと悩んでいたようだった。

結局、翌年早稲田大学で大学改革闘争が始まり、次いでその翌年日大、東大で全共闘の大学闘争が続きその流れは全国に波及していった。早稲田の闘争の時は早稲田の自治会に呼ばれ、私に慶応の運動経験について話して欲しいと言われ、大隈講堂で早稲田の学生たちを前にして経緯と総括を演説した。しかし、学生運動はその後セクト争いが激しくなり、かつてのようにひとつの大学がまとまって運動することはだんだん影をひそめてゆく。その後、さらにセクト間の争いが激化し浅間山荘事件、赤軍派の山岳ベース事件などが相次いで起き、一般学生は学生運動から離れてゆき再び長い冬の時代に入っていったのである。

秋田の大学闘争も結局、全国の運動と同様にセクト争いが激しくなり、遂に火炎ビンを投げる運動へと過激化していった。そうなると、一般学生は運動から離れてしまい、結局一年足らずで終焉していった。

秋田の四年間のトロッコ記者生活は、実に楽しく満足できるものだった。春に着任した時は一斉に芽吹いていた緑のきれいな風景に心和んだものだ。東京に住んでいると家を出てから帰るまでコンクリート、アスファルトの上を歩き、高層ビルが立ち並んで気候も決して心地よいものではなかった。しかし秋田では春になると緑や桜の満開などに囲まれ、五月になると田植えが始まり季節感の移り変わりを肌で感じられた。夏は短かったが、一週間ぐらいは海で泳ぐ日々もあったし、秋になると紅葉と黄葉のバランスが見事で稲穂が黄づく田んぼの光景も東京育ちの私には本当に美しいと感じたものだ。稲刈が終わり刈った稲のハサ掛けが済むと、そろそろ寒い秋風が吹き始め十一月中旬過ぎから雪が散らつき出す。そんな時期に銭湯に行って帰る時は、タオルがあっという間に凍りついたようになり、いつも夕食を食べる「なか」さんに着く五分位の間にタオルが凍って棒のように立ってしまっていた。そんな経験は初めてだった。冬の朝は日本海から吹き付ける風が冷たく吹雪が足元から舞い上がってくる寒さだった。アパートから県庁へ行く間に眉も凍ってしまうほどシバレる毎日だった。その冬の間に降った雪は地面に氷ついて大通り以外は注意して歩かないとすっ転ぶこともあった。ただ三月になると氷ついた根雪が溶け出しだんだん暖かくなり、四月になるとフキのとうなどが顔を出し春の到来を告げる。そして四月下旬からすっかり春爛漫の季節となり、寒い冬から解放されて人々の顔も明るくなるのだった。

結局、秋田での四年間の生活も、大学闘争に関わることが多かった。秋田大学や秋田経済大学（現、ノースアジア大学）の自治会の学生がしょっちゅう、私のところにやってきたし、警察もその動きを見て私に秋田の学生運動の情報を求めてやってきた。むろん、警察に学生たちの事を話すことはなかったが、日大系の秋田経済大学の学生が逮捕され裁判沙汰になることもあった。私の慶応義塾大学での大学闘争は、その後の人生でもいろいろな場面で関係し、私にとっては忘れ難い学生生活だったし、秋田での活動も忘れ難い日々だった。

第二章
通貨・石油戦争の30年

一．通貨戦争の始まり

私が経済部へ配属されてから、常に追いかけ神経をとがらせていた問題は、通貨・為替市場の大変動と日米経済摩擦、エネルギー問題、そしてサミット（先進国首脳会議）だった。これらは常に問題がこじれると戦争、闘い、国益などの言葉が絡んで妥協までに長い時間と激しいやり取りが続いた。そしてそこには常にアメリカが絡んだ。

秋田で四年間の支局生活を終えた後、昭和四六年（一九七一年）に私は毎日新聞の東京本社の経済部へ転勤することになった。一応、どこの部へ行きたいか希望を出すことになっていたので、政治部と経済部の両方を書いて提出していた。秋田支局に来るまでは、経済部を志望するなどとは思ってもいなかったが、四年間の秋田生活をしているうちに経済がらみの取材の面白さに何となく魅力を感じ始めていた。秋田支局では警察、スポーツ・社会、市政、県政などをそれぞれ一年ずつぐらい担当したが、経済絡みの取材をしていると政治や人々の生活などに直結しており、奥深さを感じたのだ。また警察事件も経済に関連したものが結構多く、経済を追いかけていると世の中全体の構造が見えてくることがわかってきたのである。希望の部を提出しても通るかどうかわからなかったものの、結果的には本社の経済部へ行くことが決まった。

経済部で最初に配属されたのは兜町の証券クラブだった。株式市場には日本の上場企業が全て登録されているので、どの企業を取材するのも自由だった。日常的には株式市場の動向を追い、毎日、株の動きや証券会社の動向、兜町で目立った企業などの取材に駆けずりまわった。最初は経済記事の書き方などよくわからなかったが、大ベテランの富永章氏がキャップだったので、一から経済や株式の手ほどきを受けた。

私が証券担当になった昭和四六年（一九七一）前後は、日本の証券界が大きく変わりつつある時代だった。高度成長期に入り、会社が変貌しつつある時だったし、それに伴い株式市場も活気づいていた。証券会社はそれまで〝株屋〟と呼ばれ、一般の上場企業に比べ企業行動が少し乱暴で上品な会社とはみなされない風潮があった。

株屋人種にびっくり

私が驚いたのは、証券界の人々の一端を知る上で直接聞いた話だった。ある大手証券の局次長が滔々と語ってくれた自慢話である。

「いやー、シマさん、この間の休日に住宅売り出しの案内がきたので現場に行き、家屋を見に行ったんですよ。そしたらそこで家の売買の抽選をやっていたんで、私達の望みとぴったりの家もあったので家内と相談して抽選をやってみたら当たっちゃったんです。当たったと言っても、その家を買う権利が当たったんですがね。後におカネを払えばその家を買い取れるんです」

「へえー、良かったじゃないですか。今は住宅ブームでなかなか自分にあった住宅は買えない時代ですからね。やはり証券界の人はクジ運が強く物件探しの目も肥えているんですかね」

「忙しいので家を見に行く時間もなかなか取れないので、思い切って行ってみたのがラッキーに恵まれたんですよ」

「じゃあ、その家を買う契約をしてきたんですね？」

「いやー、その場で他人にその権利を売っちゃいました。その人は私が当たったのを見ていて〝私に譲ってくれませんか〟と言ってきたんですよ」

「えっ！　でも自分にぴったりの家で奥さんも喜んでいたんでしょう」

「ええ、そうなんですが、売ってくれと言った人は一割増しでいいからというんです。そこで私は二割増しなら考えてもいいと言ったら、〝わかりました。二割増しで結構です〟と言うんで売ったんですよ。抽選に当たってもものの十分か二〇分もしないうちに二、三百万円が儲かるんですから売らない手はないと思いましてね」

私は株屋さんの判断の仕方、モノの考え方と、その決断の早さを聞いてびっくりした。折角、夫婦で納得して良い物件を手に入れる機会があったのに、ちょっと良い値が付くとプレミアを乗せてパッと手放す考え方に〝これが証券界で生き抜く才覚なんだな〟と感じ入った。私個人としては割り切れない感情もあったが、証券界の発想を知る上で妙に納得した思いがあった。「折角の家だったのに勿体ないとは思わなかったんですか、奥さんも納得したんですか」と問うと

「またチャンスは来ますよ。家内は不満そうでしたが納得しました。わずか十分かそこらで二、三百万円も入ってくるチャンスはそうありませんからね」と悪びれた様子はなかった。そのエピソードを他の株屋さんにも話してみたら「私も多分同じことをしたでしょうね」と言っていた。証券界の人がちょっと違った人種に見えたのは、この経験が大きかった。と同時に証券界の切った、張ったの身のこなしの早さを改めて思い知った経験だった。

この当時はまさに日本の証券市場が国際化しようとしている時期だった。このため、日本の四大証券会社だった野村、日興、山一、大和などは、いずれも外国企業を東京市場への上場に誘ったり、外国企業による買収や外国企業の時価発行など初物づくしのことが多く話題には事欠かな

かった。

兜町は株が乱高下し、ウワサも株価動向の要因となる不思議な経済市場だ。私も兜町担当当時に様々な事件に遭遇したが思い出に残る二つの経験を記しておこう。

田中角栄通商産業大臣（のちの首相）に訴えられる

兜町では、田中角栄通商産業大臣（のちの首相）に訴えられる事件を経験した。地場証券を回っている時に、その日は何かの重大問題が起きて兜町の株価は軒並み暴落していた。兜町のボードを見ていると、その中で「帝国石油」株だけが一つ上昇を続けているので不思議に思って裏事情に詳しい株屋さんに聞くと「あれは田中角栄さんが買っているので、皆何か特別な事情があると思って詳しくはわからないがとにかく買っておいて損はないだろうと、みんなチョーチン買いをしているんですよ」という。

田中角栄氏が帝石株を買っているなら値上がりは十分にあり得ると思ったが、本当に角さんが買っているのかどうか調べないで書くと、後で問題が起こるかもしれないと思い、大手や中小の証券会社に聞いてまわった。各社の事情通はみんな「帝石は新潟沖で石油を掘っているので、角さん銘柄として有名だし間違いないと思いますよ」という。しかし本人が直接注文を出しているのか、角さんの親しい中小証券の名前で買っているのかは最後までわからずじまいだった。ただ、帝石株の異常な動きはニュースになると思い「株全体が暴落している中で帝石株一つだけが急騰している。これは某閣僚が買い進めているためだと兜町の専門家筋は解説している」と書いた。

ところがその週に信用のある経済週刊誌が「毎日新聞に出ていた帝石株の買い主は田中角栄氏である」と断定的に書いたのだ。

すると二、三日後に田中事務所から、その経済週刊誌と最初にウワサを流した毎日新聞の某記者を訴えてきたのである。某記者とは私のことだった。警視庁の捜査二課も時の権力者である田中氏の訴えを放置するわけにはいかなかったのか、私のところに「調べたいので警視庁に来て欲しい」と呼び出し状がかかってきた。当然ながら私は「呼び出される覚えはない。どうしても話を聞きたいなら毎日新聞に来るべきだ」と突っぱねた。引き下がるかと思ったが、やはり田中角栄氏の訴えということもあってか、翌日刑事二人が毎日新聞にやってきた。

「あの記事は何を根拠に、誰から聞いて書いたのですか」と聞くので、

「記者としては取材源を明かすわけにはいかない。しかし、帝石株についてはあの二、三日兜町でウワサになっていたから書いたのだ。兜町という所は事実がなくともウワサで株が動くのは

しょっちゅうあることだし、私は某閣僚の名前も書いていない」と言ってお引き取りを願った。すると警視庁は結局、田中氏の名前を書いた週刊誌と私については〝ウワサを流した第三者〟として上司に報告をあげたのである。

週刊誌の方は名前を書いてしまったので相当絞られたようで結局、訂正記事を書いたようだった。警視庁と田中角栄氏の方はその訂正記事でホコを収め、私の方には全くおとがめなしで終わった。権力を持った人物と対峙する時は、相当の証拠を集め覚悟してかからないと大ヤケドを負うなと言うことを知る良い経験になった事件だった。

外資企業が日本で初の公募増資

もう一つは、ある時、私は日興証券が初めてアメリカ第二位の大手電信電話会社GTE社が日本で約七〇億円の資金調達をする主幹事として動いていることを知った。外国企業が日本で直接株式の公募増資をするのは初めてのことで、日本もいよいよ国際金融・資本市場の仲間入りの第一歩として踏出すことになるわけでニュース価値は大きかった。

早速、日興証券の担当部長に確かめに行くと、「えっ、ウワサとしては聞いたことがありますが、まだまだそこまで固まったとは聞いていませんよ」と、とぼけられた。日本で外国企業が株式公募をする第一号となれば一面トップ級の記事だし、日本証券市場の国際的デビューとして書けるなと勇んで行ったが、日興側としては細かく決まっていない段階で記事にされ、せっかくの公募一号がつぶれることを恐れて認めなかったのである。

しばらくしてから、もう一度「いやー、大蔵省も暗に認めているし、間違いないと思うので書きますよ」とカマをかけると、日興側は慌てて〝ちょっと待って欲しい。きちんと細部までまとまって公募発行が確実に決まったら必ず連絡しますから…」と妥協してきた。「本当に事前連絡してくれるんですね。それなら待ちますよ」と約束したが、一週間経っても連絡がない。そこでちょくちょく「あの件はどうなった？　もうあまり待てませんよ」と最後通告のような形でそのかすと、二、三日後に「大体まとまりました。明日の朝刊なら大丈夫です」と言い、発行株式数や売出し価格、今後の国際市場としての日本の可能性などについて詳しく説明してくれた。それを元に昭和四七年八月二一日付の毎日新聞の一面トップに「外国企業が株式公募、日本国内で初めて、世界第三の金融資本市場へ」といった見出しと解説記事付きで掲載した。

私が証券を担当している時の思い出深い記事だが、相手を信用して辛抱して記事化を待つことの重要性も知った取材だった。慌てて不正確な記事を書くより、相手との信頼関係を築くことの

毎日新聞　昭和47年(1972年)　8月21日　(月曜日)　(日刊)

毎日新聞

日本国内で初めて

外国会社が株式公募

米の大手電電会社　75万株

世界第三の

日本初の外国企業による株式公募（著者執筆）　©毎日新聞1972年08月21日東京朝刊1面

重要性を感じた取材として、後々まで思い出に残った。

一ドル＝三六〇円時代の終焉

私が秋田から東京の経済部へ異動になった直後に、円の一ドル＝三六〇円時代は終わり、以来流れとしては「円」がドルに対して強くなる「円高・ドル安」時代が今日まで続き、一時は一ドル＝七〇円台を記録した。今年に入り一ドル＝一六〇円前後まで戻ったが、現在は一服している。

私は東京へ来て、通貨の変動の時代を知った時、恥ずかしながら一ドルが三六〇円から三〇八円となり、さらに三〇〇円、二〇〇円などとなる状態は、円が「安く」なっているのではないかと思ったのだ。普通日本の社会で物の値段が三六〇円から三〇〇円、二〇〇円となっていけば〝安くなった〟と考えるはずだ。なのに為替の世界ではそれを円高、あるいはドル安と反対に呼ぶ理屈がわかりにくかったのである。まさに経済部へ来た途端に見舞われたニクソン大統領のドルと金の交換停止、ドル・ショック＝通貨ショックの言葉は、私にもショックだった。ちょっと考えれば理屈はすぐにわかるのだが、慣れるまでに常に違和感を持った。東北の秋田で警察事件や大学紛争、街の生活などを追っかけていた〝トロッコ記者〟にとって通貨や市場価値の変動といった経済はいかにも遠い話にみえたのが率直な印象だった。

　しかし、この通貨・為替問題は私が経済部に移動してからずっと今日までつきまとう大テーマとなっている。

　ニクソンが金とドルの交換停止＝ドル防衛策を発表した時、日本の通貨当局は大騒ぎとなった。戦後一貫して一ドル＝三六〇円の為替レートで過ごしてきた日本にとって、アメリカの円切上げの要求は初めての経験だった。一ドル＝三六〇円がもし三〇〇円に切上げられたら、これまで一つ三六〇円で売っていた商品は三〇〇円しかもらえないことになる。ということは、今までと同じモノを作って売っていたのに三〇〇円しかもらえなくなることは日本の損失だ、と考えられたのだ。つまり円の切上げは同じモノを作って売るのに実入りだけが少なくなるので、〝円高は不況を招く〟という声が巷に氾濫していくことになった。〝円高は不況を招く〟〝円高は悪だ〟という声が満ち満ちて、政府も円高反対論を唱えることになる。ただ円高は輸出した時の円の取り分は少なくなるが、逆に輸入するモノは三六〇円より少ない円で買えるメリットもあるのだが、当時の日本は輸出競争力が強く、輸出で稼ぐことが多かったので、世論は円高不況論、円高悪玉論に染まってしまったのである。〝円高のメリット〟を説く学者などの声もあったが通貨外交に慣れていない日本の多くの政治家、官庁、国民は、耳を傾けなかったのだ。

円切上げ論が海外から強く主張されたのは、一ドル＝三六〇円の円は日本の経済の実力からみて安過ぎるので貿易黒字がたまり過ぎて他国との貿易収支との間に不均衡が出るのだから、切上げを行なってハンディ調整を行なうべきだという主張でもあった。ただ、日本国内では「円を切り上げると対米貿易を中心に輸出がガタ減りし、不況となって日本の産業がつぶれてしまう」といった〝円切上げ恐怖論〟や「日本の貿易黒字がなぜ悪い。悪いのは赤字国の努力が足りないからだろう」といった開き直り論も根強かった。

そして、日本は円切上げだけは頑なに拒み続けた。ただそれだけではアメリカは納得しないので、日本政府は輸入自由化を促進したり、鉄鋼などの関税を引き下げたり、資本の自由化の促進、輸出の自主規制、非関税障壁の整理——などを小出しにしながら日本の黒字減らし対策を行ない様子を見続けた。それでも日本の対米黒字は大きくは減らなかった。

このためアメリカは、遂に業を煮やして金とドルの交換停止措置を取り、いくらドルをため込んでも金とは交換しないと宣言し、日本市場で強すぎる日本円に対するドル売り、円買いの投機を仕掛けてきたのだ。普通ならそこで外為市場を閉鎖して投機を防ぐし、実際に他国の市場は一斉に市場を閉鎖した。

野中の一本杉に投機の嵐　変動相場制へ移行

ところが日本だけは〝野中の一本杉〟のように市場を開けっ放しにしていたからアメリカや海外からの円に対する投機（ドル売り、円買い）が凄まじかった。日本の大蔵省・通貨当局はドルに金の裏付けが無くなったのに一人日本だけがアメリカを中心とする投機筋のドル売りを買い続けたのである。買い続けていればそのうち投機が収まるとみていたのだろう。他国市場ではアメリカのドルと金の交換停止を聞いた途端、減価するドルの投機を買い続けるのはバカげていると、一斉に市場を封鎖したのに、唯一、日本が開き続けたわけだ。海外では不思議がられて、〝なぜ日本は減価するドルを買い続けるのか〟と頭をひねっていた。多分、日本の当局は買い続けていれば最終的には切上げをしないで逃げ切れると踏んでいたと思われる。しかし、そのことは初めての通貨外交、通貨戦争に直面し、あまりにも素人すぎる幼稚な対応だった。通貨外交をあまりに知らなさ過ぎたのだ。

実は大蔵省、日銀の間では連日連夜、市場を閉めるべきか、開いていて良いのかという大激論が行われていた。大蔵省の主流派は「開いていても大丈夫だ」という説で、時の水田三喜男蔵相は「日本の優れた為替管理法によって投機は十分に防げる」「日本の市場は国際金融市場から離れており、投機の対象にはされにくい」などと述べていた。米欧とは距離的に遠いから大丈夫という説得は、今日のグローバル化時代には考えられないような説明だったといえよう。

結局、大蔵省、日銀は投機の嵐に敗退してしまう。減価するドルをいつまでも買い支えて一ドル＝三六〇円を維持することを諦め、八月二八日から変動相場制へ移行することを余儀なくされてしまうのである。当初は円防衛に十五億ドル位あれば円を防衛（一ドル＝三六〇円）できるとみていたが、結果は四〇億ドルのドル売り投機を買い続けたのである。このことで日本の外貨準備高は、売られたドルを市場で買い続けたため、一二〇億ドルを越え、そのことでまた「黒字をため込む日本」として日本批判の材料にされたりした。この〝東京陥落〟は欧米各国から「〝為替市場〟を開けっ放しにしているから、結局減価するドルを大量に買い込むことになったのだ」と日本の通貨外交の初めての敗北に皮肉な目を向けられたりした。

この通貨の攻防は、四ヵ月後の七一年十二月十八日にアメリカのスミソニアン博物館で行なわれた十ヵ国蔵相会議において再び固定相場に復帰することで一旦落着する。しかし、この会議でも日本の円の切上げ幅が大きな焦点になった。日本側は一ドル＝三二〇円程度（切上げ幅約十二％）までは仕方ないとみて会議に臨んだが、欧米の要求は一ドル＝三〇〇円（二〇％）という大幅なものだった。

水田蔵相は欧米の攻勢の中で三一五円（十四・五％）まで引上げに応ずると妥協の姿勢をみせたが、アメリカ、フランス、西独などは納得せず、「このままでは日本の反対で通貨調整は年を越すことになる」と批判し引き下がらなかった。

結局、日本は一ドル＝三〇八円（十六・八八％の切上げ）とする譲歩案を受け入れざるを得なかった。しかし、この一ドル＝三〇八円の固定相場も長くは続かなかった。海外では、「まだ日本の円は安すぎる。また円安で輸出を増やし稼ぐつもりか」とみられ、再び一ドル＝三〇八円に投機筋がドル売り投機を仕掛けてきたからである。結局、日本は投機に対抗できず、最終的には戦後から続いていた固定相場制（一ドル＝三六〇円）を諦めることになる。今後は日本もドルと円の関係は市場に任せようとなり、日本は史上初めて「固定相場制から変動相場制」に踏切ることになるのだ。

日本は一ドル＝三六〇円の固定相場にこだわり減価するドルを買い続けながらも、結果としては変動相場制に追い込まれ、通貨戦争に敗れ去ったことになる。しかしこの通貨戦争は変動相場制になっても続く、例えば一ドル三〇〇円とか、一ドル＝二〇〇円、一ドル＝一〇〇円といった節目の時は必ず通貨の戦いが起きている。

日本は円が三〇〇円や二〇〇円などを割り、円高になりそうになるとドルを買って市場で攻防を続け何とか三〇〇円台を守ろうとしたし、二〇〇円、一〇〇円の時も同様だった。事実上の円切上げになる前に日本は黒字減らしや規制の撤廃、自由化など様々な対応策で譲歩をするのだが、アメリカなどは円を切り上げて輸出の競争力を弱めるのが一番効果的とみるのだろう。むろん市場の攻防だけで決まるわけでなく、国同士で円・ドルの水準を話し合うことも多い。日米円ドル委員会やスミソニアン合意、プラザ合意などの決着は当事者や多国間の話合いで為替市場が大荒れになって世界経済を混乱させないための合意だった。

一時は一ドル＝七五円台へ

市場での戦いになるか、多国間の話し合いになるかは別にして、通貨水準のあり方は各国の利害に直接関係してくるだけに〝通貨戦争〟は常に起こる可能性を秘めているといえるのである。そして日本は一ドル＝三六〇円の時代から現在の一ドル＝一五〇円前後の水準まで円高が進行してきたということは、日本の貿易・経済競争力が一貫して強かった証しでもあるが、常にハンディ調整を迫られ妥協に追い込まれてきた通貨戦争の歴史でもあったといえよう。

しかし市場の調整に任せる変動相場制になっても円高か、円安かの戦いは続いた。円高にしたい立場の勢力は円を買い（ドルを売る）、逆の立場の勢力は円を売る（ドルを買う）ことに力を入れたからだ。日本の貿易黒字が続けば円高にしようという流れが続いたし、貿易黒字とは関係なく日本が円高を嫌って市場の需給とは別に市場に規制をかけたりすると、規制の良し悪しや規制の正当性などを巡って政治的対立を引き起こして日本とアメリカなどとの間に政治決着に持ち込む動きも目立った。特に一ドル＝三〇〇円とか二〇〇円、一〇〇円といった節目の折は日米の摩擦は激しかった。円は一時、一ドル＝一〇〇円を割り込み二〇一一年十月三一日には一ドル＝七五円五四銭にまで動いた。さすがに一ドル＝七〇円台は円が高すぎるとみられ、当分は一ドル＝一〇〇円〜一五〇円台で推移している。ただこの水準でいつまで持つかまだ定かではない。日本の経済競争力がさらにまた強くなると判断されれば、再び七〇円台、あるいは五〇円台などという円高水準になることも十分にあり得るとみておく必要があるのだ。そして円・ドルの水準を決める要素は市場だけでなく、日米の政治的力関係が強く反映されるケースも過去の円・ドル関係の歴史から学んでおく必要もあるということだ。

日本の円は、一九四九年四月二五日に一ドル＝三六〇円と設定された。この一ドル＝三六〇円時代は、長く続き〝固定相場〟の時代と呼んでいる。その後七一年八月末から固定相場制が崩れ、市場の需給関係によって円の相場（価格）が決まるようになり、一時変動幅が拡大された。しかし、七一年十二月にアメリカのワシントンＤ・Ｃのスミソニアン博物館で開かれた通貨会議で、主要通貨の多角調整が話し合われた。その結果、十二月二〇日に円は一ドル＝三〇八円に切り上げられることで一旦落ち着いた。これが世にいう〝スミソニアン合意〟だ。しかし、一ドル＝三〇八円は「円はまだ安すぎる」とみられ、戦後続いてきた固定相場制は廃止される。今後、通貨の価値は市場の動向に任せようということになり、固定相場制は廃止され、変動相場制に移行することになるのだ。国際社会で長くは納得されず、結局通貨の価値は市場の動向に任せようということになり、ついに固定相場制は廃止され変動相場制に移行することになる。以来、通貨の価値は市場（外国為替市場）の需給関係によって決まるようになるのだ。中心となる通貨はドルで、日本（円）がもっとドルを欲しいと考えれば市場からドルを調達することになる。全体としてドルの需要が多くなればドル高になるし、ドルはもういらないとなれば市場でドルを売ることになるのでドルが余り、ドルの価値が下がりドル安になる。現在はこの取引を毎日市場で繰り返し、毎日のドルの市場価格が決まっているのである。

　したがってドルの価格は毎日、市場の需給関係によって決まっているが、七三年二月十四日の変動相場制に移行してから、その後曲折を経ながらも、円とドルの関係についていえば、概して円は上昇傾向を続け、二〇一一年十月三一日には一時、一ドル・八〇円を割込む七五円五四銭となり円はドルに対して市場最高値を付けた。さらに、こうした円の流れはあるものの、もう少し中長期的な円の歴史をみてみると、戦後から一九六八年初期までは「円高阻止」の時代だったとみることができる。この時期は、国内景気が過熱すると輸入が増加し輸出が伸び悩んで、貿易収支が悪化することがしばしばあった。しかしこんな時も日本は一ドル＝三六〇円の為替相場を切上げようとはしてこなかった。こうした時は国内の金融引き締めを強化して内需の抑制を図って国際収支の悪化を克服してきた。だが、六八年春頃から実際に日本の国際収支改善は本物となりつつあり、日本の黒字国への転換が始まる第一歩でもあった。

　この円が強くなる傾向は一九九〇年代前半まで続いた。円が強くなってくると、逆に円切上げ論の国際世論が強まるが、円が強くなると輸出競争力が落ちるため、日本は円切上げを恐れ、円安選好を続ける政策を取ろうとした。日本は輸出主導型で経済成長を果たしてきたから、円切上げで輸出産業が打撃を受けると日本経済全体が停滞すると恐れたのである。

通貨戦争に素人だった日本

この結果、日本は円高阻止、円切上げ阻止のため、世銀などから借りた資金＝公的債務の前倒し返済や世銀の円貸付供与、輸入自由化の推進、対外援助の促進などの政策で総合収支の黒字増大と外貨準備の累増を抑制して円切上げ圧力を回避することに全力を注いだ。また、七一年八月のニクソン・ショックで一時的に変動相場制への移行を余儀なくされた時も、為替市場に介入して円相場の上昇を極力抑えたし、その後も輸入自由化や輸出優遇策の是正で切上げを回避しようとした。

日本の円切上げに対する当時の抵抗は理屈以上の信仰に近かった。と同時に通貨外交への対応もほとんど経験がなく楽観的だった。世界から不思議がられたのは、ニクソン・ショックで金とドルの交換停止を発表した時、海外ではどこも投機を防ぐため市場を閉めていたのに、日本だけが〝野中の一本杉〟のように市場開放を続け世界中からドル投機を浴びせられたことはその典型だった。投機があっても十五億ドル位で買い支えられると踏んでいたが、結局四〇億ドルも売り浴びせられ減価するドルを買い続け、世界から不思議がられた。

私は円高恐怖論があまりにも世間で言われ過ぎるので、円高は輸入物価を安くすることができメリットもあるのだという主張を何度か書いたが、世論を動かすには至らなかった。

もし通貨（為替相場）が一ドル＝一〇〇円で落ち着き、互いに居心地が良ければ平穏な時期が続く。しかし一方が不満を持つと円やドル、マルクなどの水準を巡って争いが起き、遂には〝通貨戦争〟にまで発展する。

私が秋田支局から東京の経済部へ配属された一九七一年にいきなりやってきたのが通貨戦争だった。七一年八月十五日、ニクソン米大統領は突然〝ドルと金の交換停止〟を宣言した。それまでアメリカは金を0・888671g持っていけば一ドルに交換してくれていた。金は世界の人々が認める最も普遍的な価値として認められており、その金はドルと交換されるようになっていた。金を通貨に使えば最も安心されるのだが、金は重い上、毎日の支払い通貨として使うには不便だったので、世界の通貨としてはドルを代用していた。金とドルを交換するということは、ドルには金の裏付けがあるので世界ではドルを金に代わる国際通貨として利用するというのが暗黙の了解になっていたわけだ。つまりドルを持っていれば、金の代わりとして世界のどの国でも使えるし、貿易代金などもドルで支払えるようになっていたのである。いわばドルが金の代役を務めていたといえる。したがって基本的には国内通貨である日本の円やドイツのマルク、イタリアのリラをはじめ社会主義国のソ連のルーブル、中国の元といった世界の各国通貨はドルとリンクすることによって世界のおカネになっていた。日本の場合、一九七一年のドルの交換停止措置が取られるまでは一ドルが三六〇円とされ固定していた。

しかしドルと金の交換が停止になると、金に対するドルの価値はそれまでの一ドル＝０・８８８６７１ｇといった固定ではなくなり、ドルの価値は市場の相場によって決まることになってしまった。ドルの需要が多ければドルの価値は高くなるし、需要が減れば低くなる。その日の需給関係によって決まることとなったので、従来の一ドル＝０・８８８６７１ｇといった固定価格ではなく、市場変動に左右されるようになった。従来の固定相場は、「変動相場」に代わり、世界の通貨は市場の変動によって変化する変動相場制度の下の通貨となったのである。日本の「円」は、一ドル＝三六〇円から一時は一ドル＝三〇八円の固定となり、三六〇円時代より約十六％高い、仮の相場で取引されたが、長くは続かなかった。結局、毎日の市場の変動によって日々の「円」と「ドル」の価値が異なるようになったのである。ちなみに、二〇二〇年三月三一日の期末の円相場は一ドル＝一〇七円五三銭だった。かつての固定相場時代は一ドル＝三六〇円だったから約三〇〇％

変動しているわけだ。別の言い方をすれば、かつては一ドルを両替するのに三六〇円が必要だったが、二〇二〇年三月末の時点は一〇七円も出せば一ドルと替えることが出来るようになったということだ。一番円が強かった二〇一一年三月頃は約八〇円弱で一ドルと両替できた。

一ドルが一〇〇円や一一〇円になることを市場では三六〇円時代に比べ「円高・ドル安」と呼んでいる。円が、かつての三六〇円よりも少ない額（円）で一ドルと交換できることは、円がドルに対して強くなったことを意味し、これを円高・ドル安と呼んでいるのである。現在はかつての三分の一の額で、一ドルを円と交換できるようになったわけだ。

二．石油戦争の時代

私は兜町担当の後、大蔵省、通産省、経済企画庁、外務省などの官庁と、民間経済分野では鉄鋼、化学、石油など重化学工業、エネルギー、繊維などの軽工業分野、さらに日銀、銀行などの金融を担当した後、経済全体をみるキャップとなった。

私が経済部時代から関わってきたサミット、通貨と並ぶ大きな問題はエネルギー・石油問題だった。エネルギー・石油問題も常に戦争と絡んでおり、世界を大混乱に巻き込んできた。

ワシントン・リヤド・テヘラン枢軸

一九六〇年代まで石油価格は決して高くなかったし、価格が乱高下することもなかった。世界的にみて、まだモータリゼーションの時代は到来していなかったし、工業化の波もそれほど力強いものでもなかった。また豊富にあった石炭もエネルギー源として多用されていた。当時は石炭が地球環境を悪化させるという議論も行なわれていなかった。さらに政治的に利用されやすい石油は一九六〇年代まではメジャーと呼ばれる国際石油資本が価格を抑え込んでいた。当時の大産油国は今と同様に中東諸国であり、特にサウジアラビア、イランの両石油大国が石油価格の動向を握っていた。サウジアラビアは王室のサウジ家が抑えていたし、イランはパーレビ国王が支配していた。そのサウジとイランはアメリカに保護されており、この三国が固い同盟を結んで石油価格を統制していれば、石油価格は安定していたのだ。

俗にこの三国の石油統制のことをアメリカの首都ワシントン、サウジアラビアの首都リヤド、そしてイランの首都テヘランの名前をとって、〝ワシントン・リヤド・テヘラン枢軸〟などと呼んでいた。

六〇年代以前の石油価格は、今では信じられないだろうが、一バレル＝一〜二ドル以下だった。サウジアラビア、イランでは、当時まだ自動車社会はやってきていなかったし、世界的には石油を使った工業化社会や石油化学の製品もそれほど登場していなかった。このため、アメリカを中心とした先進工業国家は中東諸国の石油価格の低安定化に成功していたのである。また中東の湾岸産油国も石油価格の安定を望んでおりアメリカなど国際石油資本（メジャー）から石油産出国の利益を守るため、一九六〇年九月に、石油価格を暴落から防ごうとしてＯＰＥＣ（石油輸出国機構）を作っていたのだ。設立当初はイラン、イラク、クェート、サウジアラビア、ベネズエラの五ヵ国を加盟国としていたが、後に加盟国が増加し現在は十五ヵ国となっている。ＯＰＥＣは全世界の原油生産量の四二％、石油埋蔵量の三分の二を保有しているといわれた。

一九七〇年代に入るとメジャーに価格決定権を握られていたＯＰＥＣは、テヘラン協定、トリポリ協定をメジャーと結び、価格はＯＰＥＣとメジャーの協議によって決定することで合意し、次第にＯＰＥＣが価格決定権を持つようになっていった。

二度の石油ショック

ＯＰＥＣが完全に石油価格の決定権を握ったのは、一九七三年の第四次中東戦争が勃発してからだった。中東六ヵ国が原油価格を七〇％引き上げ、さらにイスラエルを支持する西側諸国を標的に同年十月十七日にはアラブ石油輸出機構（ＯＡＰＥＣ）が西側諸国を標的に生産削減と石油禁輸を実行した。この結果、石油価格は十月以前に比べ一挙に四倍に高騰（一バーレル＝一・九〇ドルから九・七六ドルへ上昇）した。このため世界の石油市場価格が暴騰し世界経済は大混乱に陥った。ＯＰＥＣ諸国はこれを契機に油田、パイプライン、製油設備の国有化を進め、以後ＯＰＥＣが石油価格の決定権をメジャーから奪うことになる。

一九七四年になり石油禁輸は解かれるが原油価格は下落せずＯＰＥＣが原油価格決定の主導権を握るとともにカルテルを結ぶようになった。以後、最大の産油国だったサウジアラビアのヤマニ石油相がＯＰＥＣと原油生産高を調整することで価格を統制し続けた。さらに一九七五年にはＯＰＥＣ参加国は十三ヵ国に増え、各産油国が石油の国営化に次々と踏み切り一九八〇年にはサウジアラビアもサウジアラムコを国営化したため国際石油資本・石油メジャーの影響力はほぼ消滅してしまう。

また、一九七九年一月になると大産油国イランで宗教指導者ホメイニ師の主導するイラン革命が起こりパーレビ国王が亡命し、原油価格はさらに上昇していった。これが第二次オイルショックで価格は一バレル＝四〇ドルまで上昇した。

しかし一九八六年から原油価格の決定権はＯＰＥＣから自由市場の需給関係に移り、ＯＰＥＣの価格統制力は弱体化した。特にイラン革命によって起きた第二次石油危機後、石油の供給過剰、ＯＰＥＣ非加盟国の油田開発やサウジアラビアが増産に転換したため、ＯＰＥＣの世界市場におけるシェアが落ち、一九八六年頃から価格統制力を失っていく。この結果、原油価格は六分の一に暴落し、ＯＰＥＣの時代は終わりを告げた。その後もＯＰＥＣは生産上限と標準価格を設定したが、加盟国はこれを守らないことが多く値崩れするケースが多かった。一九九〇年、生産枠と価格を無視してクェートとアラブ首長国連邦（UAE）が増産を続けたためイラクが石油価格を維持しようとクェートに侵攻する湾岸戦争が起きたものの、一九九一年にイラクが敗北すると再び下落した。

その後一九九九年にOPEC加盟国が生産調整に合意すると価格は再び上昇し始めた。二〇〇三年のイラク戦争や中東情勢の不安定化、新興国の石油需要の増大などによってさらに高騰し、二〇〇八年一月には遂に一バレル＝一〇〇ドルを突破し、六月には一四七ドルまで上昇した。まさに石油価格は、戦争と中東の政治動乱によって影響され始めていたのだ。

しかし二〇一四年以降になると新興国の成長の鈍化やアメリカのシェールガス開発の成功などによって一五年末には前年の三三％の三六ドルまで暴落、その後も原油価格は低迷状態が続いた。

原油価格がマイナスへ

中東産油国がOPEC（石油輸出国機構）を設立し、石油価格をメジャーの手から奪い自らの手で決めるようになって以来、〝石油戦争〟の時代が始まったといえる。中東諸国の石油産国が石油価格は中東の力を見せつけるナショナリズムの手段と考え始めてから、石油価格は一時一九七三年十二月に一バレル＝五・〇三六ドルから、一挙に十一・六五一ドルまで高騰し世界を大混乱に陥れたこともあるのだ。石油価格はその後も基本的には上昇し続け、一バレル＝一〇〇ドル台は当たり前のような状態になっていった。

しかし、二〇二〇年頃は、石油価格はこれまでに考えられないような価格にまで低落しており、世界を仰天させた。石油もまた世界を揺るがす政治商品なのである。

「原油価格急落　初のマイナス」――二〇年四月二一日、ＮＹ原油の先物市場で史上初めて価格がマイナスになった、と大きく報じられた。一九六〇年代以降、原油価格は上昇を続け、二度の石油危機・オイルショックを経て、二〇〇四年以降上昇傾向を強め、二〇〇八年七月には一バレル＝一四七ドルまで上昇した。私達はここ数十年、石油価格と聞けば〝上昇する〟ものという〝常識〟に慣れていた。

それが初めて原油価格が下落ではなく、マイナスになったというのだから衝撃だった。背景は原油需要が激減して在庫が増え原油の保管倉庫が枯渇してきたからだという。ファンドが投げ売りし、一分で十ドル以上下落する場面もあったほどだ。

四月二一日付の日本経済新聞によると二〇日のＷＴＩ（ウエスト・テキサス・インターミディエート）原

油先物の期近五月物の清算値は一バレル＝マイナス三七・六三ドルで前日から何と五五・九ドル下落した。朝から売りが先行したが、正午を過ぎると十分おきに一ドルずつ下がる展開となり、午後二時過ぎには節目となる０ドルを割ると午後二時半には一気にマイナス四〇ドル強まで下落した。例えば二〇日の価格マイナス三七・六三ドルで新たに一〇〇〇バレル買い、そのまま値が動かず取引を終了すると同量の原油と共に三万七〇〇〇ドル（約四〇〇万円）の現金を受け取るが、売り手の場合は逆に四〇〇万円を支払って原油を引き取ってもらった。

　アメリカでは外出規制でガソリンの使用が激減、企業のエネルギー需要も減っていたため、アメリカの原油が売れず、原油在庫は五億バレル強と三週間で五〇〇〇万バレル以上増えてしまった。全米の貯蔵能力は約六億五〇〇〇万バレルなので保管余地がなくなりつつあったわけだ。いわば原油のマイナス価格とは、原油そのものの値段ではなく貯蔵コストを意味するとアナリストは分析している。

　ただ原油の専門家たちによると、原油の需給が激変しているわけではないと指摘している。年後半には需要が回復する可能性が強いためだ。

　それにしても、原油価格が一時的にせよマイナス価格を記録するなど聞いたことがない。ただ、二〇二〇年の原油価格の下落は同年三月にＯＰＥＣを代表するサウジアラビアとロシアが減産協議で決裂し、互いに増産方針を示したために起こったことだった。このため主要産油国は五月から日量・九七〇万バレルの協調減産を行ない原油価格を上昇させようとすることで合意した。しかしそれでも供給過剰が解消されることは難しいのではないかと予想されていた。

サダム・フセイン統治のイラクへ

私はこうした石油・エネルギー問題にずっと関わってきた。当初は石油価格の乱高下が経済活動に及ぼす影響などについて原稿を求められたが、そのうち石油価格の変動は市場の需給関係より極めて政治的背景、国際情勢の変動に由来していることがわかり、むしろそちらの方に興味を持ったのである。

興味を持つきっかけを作ってくれたのは、大学時代からの親しい同級生で卒業後、経済週刊誌の「東洋経済」に就職し記者をしていた生井俊重氏である。生井は東洋経済でエネルギー問題を担当しており、よく情報交換をする間柄だった。一九七〇年代の後半頃、その生井から電話があり

「今度、東京のPLO代表部にいるハミドという人物に会いランチをすることになっているんだが、良かったら来ないか」

と誘いがあったのだ。ＰＬＯはその頃、メキメキと力をつけ中東のパワーの一角を握るようになっていた。まだ過激派とはみられていなかったが、中東各国と連携を持っており、東京の中東各国の大使館ともかなり深い付き合いがあるようだった。

「中東には世界最大量の石油がある。石油をテコに西側諸国と付き合うようになったら世界の中東を見る目も変わってくるんではないか」

と私や生井が問うと

「あなた方もそう思うか、ＰＬＯは中東各国と親密な関係にあるし、東京の中東各国の大使館ともよく連絡をとっている。私も石油をテコにして中東諸国が手を結び動けば、欧米との関係もこれまでとは変わってくると考えている」

「そういう話は大使館の人々とも話すことはあるのか」

「時々、各国大使館の集まりの時に参加して議論し始めている。もしあなた方がよければ大使館の人も交えて話し合うこともできるので機会を作りたい」

これがきっかけとなって、その後もちょくちょくＰＬＯの東京代表部の担当者や中東諸国の大使館員とも会うようになった。

しばらくしてから、「イラクの大臣が来日するので会わないか」という申し出があった。一九八〇年、当時、イラクは中東諸国の中でサダム・フセイン大統領主導の下で、最も勢いがあった。フセインはその一年ほど前の七九年に大統領となり、自らはいずれ中東の盟主になるという野心を持っていたのでフセインの考えを世界に広めたいと考えていたようだ。

来日したのはイラクの宗教大臣で、私達に「中東におけるイラクの活動や位置づけをどう見るか」ということを何度も聞いてきた。

「東京から見ていると、イラクはいま中東のアラブ諸国の中で最も勢いがあり、中東の盟主になろうとしているのではないかと見える。ただあまり激しく動きすぎ、他国に攻め入るようなことをすると、アラブ諸国だけでなくペルシャ民族でシーア派中心のイランや、欧米諸国も警戒するのではないかと思う」などと答えた。この意見は、宗教大臣を満足させたかどうかわからなかったが、黙ってうなずきながら聞いていた。実際、イラクはその後まもなくしてイラン南部に侵攻するが、結局失敗に終わる。その宗教大臣は「今日の話は興味深かった。いずれあなた方二人をイラクに招待したい」と言って別れた。

招待するという話はすっかり忘れていたが、その年の夏に本当に招待状が来た。イラクはその夏に世界のジャーナリスト数十人に招待状を出していた。ただ私達二人にはジャーナリストへの招待状と宗教大臣からの招待状二通が届けられた。折角の招待状が二通も来たのだからぜひイラクを訪れてみようと毎日新聞の了解を取り、私と生井とで初めてイラクへ向かった。イラクのバグダッドに着くと、驚いたことに招待したジャーナリスト向けのホテルと宗教大臣招待の迎賓館の二ヵ所が用意されており、両方を好きなように使ってよいし、いつまででも好きなだけ滞在してくれて構わないというＶＩＰ待遇だった。

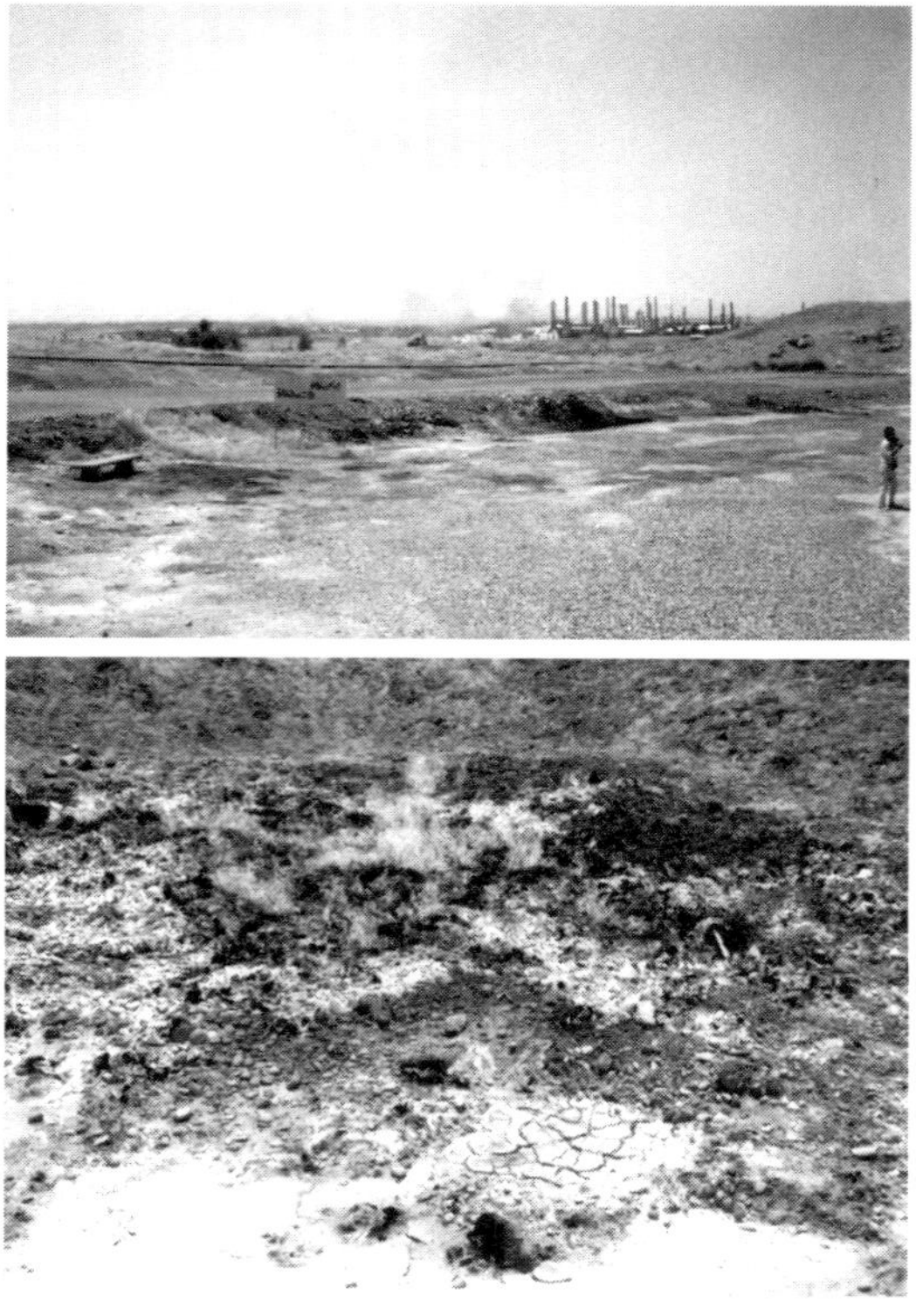

イラン・イラク戦争開戦直前のイラク・キルクーク油田

私と生井はフセイン大統領のインタビューのほか、イラン・イラク戦争が近いとのウワサがあったのでイランとの国境付近をみせて欲しいと申し出た。フセイン大統領は中東の盟主として世界にデビューしたいため欧米やアジアの記者を百人ほど招待しており、記者会見を行なうことになっているので「フセイン大統領との面談はその会見に参加することで我慢して欲しい。その代わりラマダン副大統領との単独インタビューを用意するし、あとイラクの油田もぜひ見てほしい。その他の要請は全部準備するし、イランとの国境付近には軍用機でお二人をお連れする」と提案され、各国の記者団とは全く別の特別メニューで対応することを請け合ってくれた。

兵士の監視下でフセイン会見

フセイン大統領との会見は物々しかった。会見場へ入る前に全ての持ち物を預けて欲しいと言われ、筆記用具はイラク側が用意したものを手渡された。しかも会場の中には機関銃を持った兵士たちが見張っており極度の緊張感が漂っていた。登場したフセイン大統領は二時間近くに渡って湾岸情勢とイラクの立場を喋り続け、演説が終わると質問を受け付けると言ったが、記者団の多くは長時間の持ち物検査やフセインの長演説にすっかり疲れ果てシラケた雰囲気だった。何よりビックリしたのは、銃を持った兵士が要所要所に並び、見張っていたことで、会見一つにも神経を尖らせている独裁者の用心深さがいやでも目についた。

その後、私達二人は特別の軍用機に乗り、イランとの国境付近を見て回った。あちこちで軍が

なお難題、経済制裁解除

イラン利すればイラク怒る

油不足・日本板ばさみ

経済制裁の参加国と主な措置

イラン・イラク戦争中の記事（著者執筆）

©毎日新聞1981年01月19日東京朝刊2面

集結している様子が見て取れた。これは近いうちにイラン・イラクの衝突があるなと素人目にも感じ取れ近くイラン・イラク戦争が始まるという予測記事を書いた、案の定、日本へ帰国して二ヵ月後の九月にイラン・イラクの戦争が始まった。私はイラクから近くイランとイラクの間で戦争が勃発しそうだとの予測原稿を東京へ送ったが東京の編集局は毎日新聞の記事として掲載するかどうか随分迷ったようだった。結局は戦争が始まる前に四～五段扱いで掲載してくれた。

イラク側は、私達に何日いても構わないと言っていたので、〝折角、中東まで来たのだから荷物をイラクに置いて隣のトルコに行こう〟と生井と相談し、イスタンブールまで足を延ばした。さすがは昔のオスマントルコ帝国だけあって、イラクとは違ったどっしりとした落ち着きを感じたものだ。トルコ滞在中に地中海のキプロス島に渡り地中海のキプロス島の周囲で泳いだ。キプロスはギリシャとトルコの領土争いの地になっていたため、国境は往来できないように鉄格子で区切られていた。こんな小さな島でも領土争いがあるのかと中東地帯の複雑な政治情勢を肌で感ずる思いだった。

当時のイラクはフセイン大統領が飛ぶ鳥を落とす勢いで、石油による資金もあり余っていたので、日本のゼネコン各社が道路や建物などインフラ作りのため人を送り込んでおり日本人も沢山働きに来ていた。

それらの工事事務所をのぞいてランチなどをご馳走になっていたら、何と秋田時代によく通った小料理屋「なか」さんの中島夫婦とばったり出くわした。

「シマちゃんじゃないの。何でバグダッドにいるの？　取材で来たの？」と、まさかの出会いにビックリしており、こちらも「そちらこそどうしてイラクにいるの」とお互いに偶然の出会いに声をあげて驚き合った。中島夫婦の秋田のお店が開発地域にあたり、小料理屋を閉めて東京に来ていることは、年賀状や時折の葉書で知っていたが、まさかイラクのバグダッドで再会するとは思わなかった。聞くと、日本のゼネコン数社がイラクで仕事を請け負っているので、一緒に来て社員らの食事を頼めないかと依頼されて来たのだという。ゼネコン各社はイラクで道路や橋などの工事を引き受けているらしかった。それにしても秋田で毎晩のように通い詰めていた「なか」の夫婦と、事もあろうに中東のバグダッドで再会するとは思いもよらなかった。

日本企業が世界へ進出して働いている実情をこの目で見て、日本企業のエネルギーを改めて感じたし、その企業に誘われて出向いてきた中島さん夫婦の大胆さと勇気にも感心した。「なか」さん夫婦も「秋田にいたシマちゃんも今やイラクまで取材に来ているんだねえ」と、互いに不思議な出会いと縁にしばらく話し込んだ。まさかイラクで会うとは思いもよらなかったが、八〇年代直前の日本企業は石油資金を持ってインフラ作りをしている中東は〝お得意〟さんだったのである。しかし、そのイラクの繁栄も九一年になるとアメリカを中心とする多国籍軍がイラクを攻撃したため、湾岸戦争が勃発。フセイン政権は中東の盟主になることなく、フセイン氏は逃亡しているところを途中で発見され二〇〇六年に処刑された。一時は中東の英雄となり、アメリカやソ連とも手を結んだが、結局はアメリカに潰された。私にとってイラクは中東の政治、石油資金を持った権力者の運命を知る上で、この上なく歴史の断面をみせてもらった記者生活の大きな出来事だった。

イラクのラマダン副大統領とは、フセイン会見の二、三日後に単独インタビューを用意してくれた。目が鋭く軍服姿の怖い印象の人物だったが、やはりイラクが湾岸の盟主を目指していることを隠さずに喋った。シーア派中心でペルシャ民族のイランは紛れもない大国だったが、そのイランを越えて中東を牛耳る野心をフセイン大統領と同様に熱心に語った。

中東は二〇世紀には遅れた新興国のようにみられていたが、紀元前三千年頃はエジプト、インダス、黄河文明と並ぶメソポタミア文明の発祥の地域であり、その誇りは現代でも感じられた。

石油問題に端を発し、アラブ民族のイラクが現代史に大きく登場するのは一九七九年スンニ派のフセイン大統領がイラクで政権を掌握し、翌年ペルシャ民族でシーア派中心のイランに攻め込んで約十年にわたりイラン・イラク戦争を続けたことからだ。やはり中東の大国だったイランでは、ホメイニ師を中心とする革命防衛隊が一九七九年にパーレビ国王を打倒し、シーア派を中心とする反米政権を作りイラクと対立する。このイラン・イラク戦争の最中、石油価格の高値安定を目論み、イラクは隣のクウェート油田の支配を目指して侵攻したりした。しかしこのイラクの振る舞いは国連の非難決議を招き、アメリカを中心とする多国籍軍に攻撃され敗退する。この間、イラクもイランも石油を武器に軍事大国化し、石油価格は一時ホメイニ革命（七九年）の第二次石油危機、八〇年のイラン・イラク戦争などを経て八二―八三年には一バレル＝三五ドル近辺まで暴騰した。

ただその後はアメリカとの戦争でイラクのフセイン大統領が捕まり、処刑されたことやアメリカのシェール技術の開発などで小康状態を保ち続けた。

三．サミット戦争の三〇年

世界を仕切ってきたサミット

私は旧い記者仲間から〝サミットおタク〟とよく冷やかされた。約三〇回にわたり現場取材を続けていたからだ。一九七〇年代の後半から二〇〇〇年代半ば頃までの国際情勢は、サミット（先進国首脳会議）を中心に動いていた。東側のソ連、西側のアメリカを軸とする東西対決という大きな枠組の中にあって、一〇年にわたったベトナム戦争でアメリカが敗北、金とドルの交換停止に伴う通貨の大変動、第四次中東戦争の勃発と石油危機、東西ドイツの統一にＥＵ（欧州連合）の結成・ユーロ（欧州通貨）の発行などが続き、遂に東西対決も融和に向かう——といった歴史的大転換が次々と起こった時、常にそれらの事件のど真ん中で世界を仕切っていたのがサミットだった。まさにサミットを取材することは世界の動きを知ることにつながっていた。

毎年のサミットで取り上げられる主要テーマは、常に世界の最重要課題だったのでサミットを取材していれば国際情勢の行方が見えてきたものだった。そればかりではなくサミットの現場に行って首脳同士の論戦を知ると、新聞やテレビで報道される表面的な意見の相違だけでなく、各国が国益を賭けて、宣言文の一言一句にも勝負と妥協を繰り返していることが見えてきた。さらに各国首脳の個性や人間性を間近で見聞きし、サミット終了後の各国首脳の会見などに直接接すると、国の大小や軍事力、経済力、文化力とは別に、首脳たち自身の哲学や理念、論理力、キャラクター等が会議に大きく影響していることがわかり、興味も倍加したのである。

私がサミットの現場を始めて取材したのは第五回の東京サミットだったが、実は一九七五年の第一回の仏・ランブイエサミットの時から、現場に行かない時も東京でキャッチャー役を務めていたし、ワシントン特派員になってからは毎年サミット現場に取材に行っていた。また、毎日新聞を退社し、一九八七年にフリーになってからはＴＢＳやテレビ朝日の依頼を受け、取材陣に入って現場取材を続けた。

ただ、サミットが西側先進主要国だけの会議でなくなり、一時的にソ連が参加し、さらに新興国主要二〇ヵ国（G20）の首脳たちも加わるようになってから性格が大きく変わっていったように思う。各国の利害対立の調整がスムーズに進まなくなり、サミットは世界を仕切れる首脳会議ではなくなっていったのだ。そのことを強く実感したのは、二〇〇八年に北海道で開かれた洞爺湖サミットだった。私はその時、かつてのようなサミットの役割は終わったなと思い、以来三〇回近く行っていたサミットの現場取材から徐々に手を引いた。

仏の提案で七五年に第一回サミット

サミットは、一九七五年十一月十五日から十七日までの三日間、フランスのパリ郊外にあるランブイエ域で第一回の歴史的首脳会議が行われた。第一回の参加者は提唱したフランスのジスカール・デスタン大統領、当時フランスと手を組んでいたドイツのシュミット首相、アメリカからはフォード大統領、イギリスはウィルソン首相、イタリアがモーロ首相、そして日本からは三木武夫首相の六人だった。サミットは、Ｇ７（ジーセブン）」と言われてきたが、第一回の会合にはカナダの首相は招待されなかったため、第一回目はＧ６で開かれたのである。

実は第一回には、ジスカール・デスタンの構想に日本も入っていなかった。七五年といえば、第二次大戦が終了してまだ三〇年しか経っていない。日本はようやく高度成長期の真っ盛りに入り存在感を示し始めていたが、国際政治の分野では大きな発言力を持っていなかったし、アジアの代表とみられているわけでもなかった。このためサミット提唱者のジスカール・デスタンの当初の構想には、日本は入っていなかったのである。

さらに言えば、一九五〇～六〇年代の世界を引っ張ってきたアメリカは十年余に及ぶベトナム戦争の敗北で国際的指導力が衰弱、世界的軍事力も低下しソ連圏の拡大が目立っていた。またニクソン大統領が七一年八月に金とドルの交換停止を発表（いわゆるニクソン・ショック）し通貨の混乱時代が始まっていたし、七三年十月の第四次中東戦争の勃発で原油価格が四倍以上に高騰、世界が大不況と大混乱に陥る兆しもみせていた。このためジスカール・デスタンはもう一度西側先進国の結束を固め、再び世界大戦を引き起こさない世界経済の新秩序を構想すべきだと考え、西独のシュミット首相に先進国首脳会議の構想を語っていたのである。そうした世界情勢の中で、日本はひたすら経済成長に励んでいたものの、国際政治に関してはもっぱらアメリカの傘の下で追随してゆけばよいと考えていたのが実情だった。また国際社会も日本に対し国際的貢献を期待する雰囲気はそれほど高くはなかった。

五〇～六〇年代の日本には、「自分の言葉」で世界の様々な問題を語れる政治的リーダーはほとんどいなかった。語学的ハンディもあったが、それ以上に首脳としての政治的信条や理念があいまいで、結局は事務方の書いた文章を下敷きに喋ったり、棒読みするケースが多かった。このため、言葉に〝命〟がこもらず、相手の胸に印象が残るような説得力のある話ができる政治家はほとんどいなかった。内政や国際情勢を判断する政治原則、哲学を持たないまま、個々のテーマについて事務方の文章に依存してしまうと、話がテーマから離れて文化や科学、教育、宗教、人物論などへ飛んでいくと途端についてゆけなくなる。何とか話の輪に加わったとしても、全ての話題に一本の原則、芯が通っていないと、結局「何を考えているかわからない人物、国」と評価されてしまうのだ。

三木首相が第一回に参加

フランスがサミット構想を打ち上げた時、日本の首相・三木武夫は当時の駐仏大使・北原秀雄に

「戦後、日本が初めて参加できるかもしれない先進大国の会議になるのだから、何としても参加できるように交渉努力して欲しい」と檄を飛ばした。むろん日本は国連や世界銀行、IMF（国際通貨基金）、IEA（国際エネルギー機関）、ユネスコなど数多くの国際機関に参加していた。しかしその中で、当時日本が中心メンバーとなって参加している国際会議は驚くほど少なかった。日本は戦後、ただひたすらアメリカとの友好関係だけを重視し、アメリカを通して世界をみてきたと言っても過言ではなかった。

中国や韓国など極東アジア・グループとの地域共同体はなかったし、他のアジア諸国との関係も専ら経済中心で、歴史を直視した上での交流はなかった。文化・科学はむろんのこと、政治・外交・安保上の付き合いも儀礼的なものでしかなかった。三木首相が「経済大国になったからアジアを代表して国際社会で発言し、主張したい」といっても、所詮は独りよがりのものでしかなかった。

フランスから日本にサミットの正式な参加招請の話が伝えられたのは七五年の夏だった。三木首相は議題を通貨だけに絞らずエネルギー、景気、貿易、南北問題など経済全体についても討論したいと主張し、その意見は受け入れられた。またジスカール・デスタンは、当初イタリアの参加をリストから外していたが、イタリア大統領から凄まじい怒りの反発を招き、直ちにイタリアも加えることになったという。しかし第一回サミットにはカナダの参加は認められていない。カナダは、第二回サミットをアメリカで聞くことになった時にアメリカの口利きで参加が決まったのだ。したがって、第一回サミットは現在の「G７」ではなく、「G６」でスタートしたのである。

大国の仲間入りを実感

日本の正式参加が決まった時、日本の政治家や官僚、財界人たちは、これで日本も正式に大国の仲間入りができることになったという感慨があったようだ。

当時、三木首相の官房副長官で後に首相となった海部俊樹は

「いやあ、正直言ってビックリした。例えは悪いかもしれないが、義務教育を終わって自分の力で上の学校に入るのが認められ、これからどうしようという気持ちだった」と率直な感想をもらしている。また自民党幹事長だった中曽根康弘は三木の出発の時、羽田空港まで見送りに行っているが

「ああ、これでようやく日本も一人前に扱われるようになったかなと思ったね。確か前の年に欧米の首脳たちがカリブ海に集まってガヤガヤやっていたけど（グアドループ会議のこと）、その時はまだ日本はカヤの外だったからね」と語っている。

サミットは世界で正式に認められた国際機関ではなかった。しかし二〇〇〇年代までは国連の安全保障理事会の常任理事国会議と並ぶ、あるいはそれ以上の影響力を持つ国際会議になってしまったといってよいだろう。

サミットの当初の目的は、あくまでも「経済会議」だった。特に七〇年代は通貨の乱高下と石油危機に対応すること、あるいは日本とドイツの貿易黒字問題、世界経済のバランスある成長に議論の焦点を当てることに主要な目的があったのである。

それだけに三木は、国際政治を実質的に動かしてきた西側欧米大国の一角に入り込み、日本が経済だけの存在感で生きているわけではないことを国際社会に示す絶好の機会だと捉えた。そのため三木は、サミット開催の話を聞くと

「日本の参加によって太平洋社会と大西洋社会との連帯の絆を拡大することができる」

「その連帯を基礎として開発途上国との協調の道を開きたい」

「世界的にその能力を問われている民主主義という共通の理念のもとで太平洋と大西洋の社会が団結し、世界の問題に対する解決能力があることを実証することも重要だ」――などとアジア代表らしい大きな理念を表明し、サミットでは南北問題を強くアピールしたいと語っていた。その本気度を示すため、日本は政府開発援助（ODA）を一挙に三倍に増やしたいとの方針も示唆した。ただこのODA三倍論は大蔵省が財政難を理由に最後まで首をタテにふらなかったため実現しなかった。しかしそれでも三木はサミットの場で身ぶり手ぶりで南北問題を訴え、サミット宣言文の中に「途上国援助拡大」の語句を盛り込むことに熱を込めた。

「わしは平気、気後れなどせんよ」

サミット初日を終えた翌朝、私たち日本人記者団はランブイエ城に詰めかけ、第一声で「総理よく眠れました?·大丈夫でしたか」と柵越しに問いかけた。日本が先進大国として初めて参加した国際首脳会議だったし、ランブイエ城に泊まるのは首脳だけに限られ、外相や蔵相はパリのホテルから通うことになっていたので、「三木が一人だけお城に取り残されて孤独感を味わっていたのではないか」と懸念する向きもあったのだ。

「いやー、大丈夫、大丈夫。この通り元気だよ。よく眠れたよ」

と三木は記者団に愛想をふりまいた。

ただ実際は、首脳会談初日の三木の緊張はかなりのものだったようだ。当時の各新聞によると《首脳の中で一番高齢で習慣が違う三木さんには、いろいろ戸惑いが多かったようだ。欧米の首脳たちは、互いにファーストネームで呼び合っているのに日本の首相だけ〝ミスター三木〟と他人行儀だったのは、習慣の違いがあったとはいえ、ちょっと違和感を感じさせた。三木さんも内心は寂しかったのではないか。ただフォード米大統領は、公式の席では相手を「大統領」

「首相」と呼んで折目正しかったそうだ。年輩の三木さんに気を遣ったのだろう。初日の顔合わせの時、談笑する他国首脳の間で三木さんは一人黙然としていたというが、勝負直前の剣士の心境だったのかもしれない》(毎日新聞、七五年十一月十八日付)

初日も会議開始の数十分前にサロンに入ってきて〝わしは平気だ。気後れなどせんよと秘書に語りかけていた〟(朝日新聞、七五年十一月十七日付)というから自ら励ましていたのだろう。三木は自民党の弱小派閥を率いて首相となり、国内では早くも〝三木降ろし〟の風も強まっていたが、さすがは口八丁手八丁の〝バルカン政治家〟と呼ばれるだけあって、したたかなツボは心得ているようだった。

実は、ジスカール・デスタンのサミット参加国構想には当初、日本は入っていなかったと言われる。欧米の関心は経済摩擦問題もあったが、どちらかといえば対ソ対策にあったからである。これに反対し「日本を入れるべきだ」と主張したのは西独のシュミット首相だった。シュミットは「日本が参加することは私にとってとても望ましいことに思えた。というのは西ドイツだけが大戦の敗戦国としてテーブルにつきたくはなかった。(ヘルムート・シュミット著『シュミット外交回想録』岩波書店）と述懐している。またシュミットは、日本の参加について「もし米・英・仏・独の四ヵ国だったら第二次大戦の経緯もあり、心理的には三対一になってドイツが孤立化する懸念もあった。日本が入れば三対二となり少なくとも一人で孤立化することにはならないと考えたし、イタリアが加われば三対三になるからね」と語っている。さらに西独も当時、日本と同様に貿易黒字問題を抱えて批判され、日本と同じ立場に立っていたのだ。

サミットを何度か取材しているうちにわかったことは、対ソ連の東西問題をはじめ途上国対策の南北問題、だんだん力を付け始めてきた中国への対応、高度化する軍事技術の管理、世界の環境・気候変動への対処——等々、世界のあらゆる課題を討議するため、サミットを取材すれば世界の大から小まであらゆる課題に通じてゆくことになるということだった。また、何より世界の首脳、外相、蔵相たちも参加するので、身近に世界のトップの言葉、キャラクター、物の考え方などが新聞やテレビで断片的に知るよりももっと具体的にわかったし、それぞれの人物の性格や大きさなどを身近に知ることができたことは何よりも収穫だった。

首脳の性格が見えるサミット

私は約30回にわたりサミットの現場取材を続ける機会に恵まれたので、各国の首脳の性格や国益の争い、相違が身近に肌で感じられて極めて面白かった。

ジスカール・デスタンは知的で貴族的な性格を持っていたが、どことなく冷たいところがあったし、シュミットは思慮深く哲学的な思考に立って話す人物であり、信念を感じさせてくれた。サッチャー英首相は〝鉄の女〟の名にふさわしくリーダーシップがあり、当時は大英帝国を背負っているという風格があった。カーター米大統領は言葉の端々に人柄の良さがにじみ出ていた。レーガン米大統領は当初は軽く見られていたフシもあったが、年を経る毎に貫録を増し、いつの間にか西側の総監督という風格が出て皆に好かれていた。ミッテラン仏大統領も思慮深い落ち着い

1979年6月日本初の第5回東京サミットにて

た大統領として一目も二目も置かれていたが、私生活では艶聞を抱えていたようでいかにもフランス人らしい匂いを感じさせた。

忘れ難いのはコール独首相だろう。誰よりも大柄で最初は〝大男総身に知恵がまわりかね〟という印象を持たれていた。ところが思った以上にヤリ手だった。ソ連や東欧、さらには西欧諸国が不安気に思っていた東西ドイツの合併は、数年かかるとみられていた。コールは、各国と細かく話し合って妥協するところは妥協して一年以内に成し遂げたのだ。そしていつの間にかドイツをヨーロッパの牽引国に引っ張り上げた力量は見事だったと思わざるを得ない。鳴り物入りのように登場したイギリスの若きブレア首相は、イギリスのEU離脱を巡って結局は国を一つの思想に統一することができず、引退時にはすっかり色がはげ落ちてしまったような気がしたものだ。その点、シラク仏大統領は陽気で日本好きが知られていたせいか、日本では人気があったし、ミッテラン後の大統領としてドイツと手を携え、ヨーロッパを主導する大統領となっていった。

私にとって忘れられないサミットは、やはり一九七九年六月に日本が初めて大国首脳を招いて主催した第五回の東京サミットである。当時、私は外務省を担当していたから、まさに中心的役回りを担わされた。サミットの主務官庁は外務省だったから、外務省もまた戦後初めて先進国の首脳を呼んで主催する国際会議となるので省をあげて興奮していた。経済大国と呼ばれるようになって、ようやく先進国の議長国としてサミットの振り付け役を一から十まで担うことになったわけだから〝興奮するな〟という方が無理だったかもしれない。もし東京サミットが〝成功〟という評判で終われば、それこそ日本は経済だけではない西側自由主義国の〝重役〟の一員として名実ともに国際社会から認められることになると期待していたのだ。

ただ東京サミットは難しい厄介な問題も少なからず抱えていた。議長の大平首相を最も悩ませていたのは石油輸入量の数字だった。第四次中東戦争で石油価格が国際市場で四倍に高騰してから、石油価格の高騰と乱高下は世界経済の最大の関心事になっていた。特に石油を全面的な輸入に依存する日本にとって石油の輸入量と価格は日本経済に直結したから、サミットで日本の輸入量がどう調整されるかは大平首相ら政府首脳、幹部にとって最重要課題で、彼らにかかってくるプレッシャーは極めて大きかった。

石油争奪となった東京サミット

当時の経済は〝石油本位制〟と呼ばれるほど石油の量と経済成長が密接に結びついていたので、東京サミットは各国の石油の取り合いの様相すら呈していた。日本では経済企画庁が「新経済社会七ヵ年計画（中期計画）」を作り、五・七％の経済成長率を目標にしていた。そのためには、六年後の石油輸入量を年間約七〇〇〜七一〇万バレルと見込んでいた。

ところがフランスのジスカール・デスタン大統領は、サミットで各国の年間石油輸入量の割り当てを決めるべきだと主張し、日本の六年後の八五年輸入量を七八年の実績以下に抑え五四〇万バレルにすべきだと提案してきたのである。日本が期待していた目標より二五％も少ない数字がサミット二日目の午前の会議で突然提出されたのだ。背景にはサミット前年の七八年暮れからイランで、宗教指導者ホメイニ師の率いるイラン革命によって第二次石油危機が勃発して石油価格がさらに上昇しつつあった。このため、西側先進諸国が首脳会議で石油危機乗り切りに向けた具体的方針と結束を示し石油市場の安定化を図ることが急務となっていった。しかもサミット開催直前に中東諸国が中心となって作っていたＯＰＥＣ（石油輸出国機構）で、石油価格をさらに二五％引き上げる決定を行ないサミット諸国に挑戦状を突きつけていたのだ。

これに対し欧州諸国は、サミットの十日ほど前にＯＰＥＣからの石油の輸入量を「ＥＣ全体」で一九七八年の実績以下に抑え、市場管理を厳格に行なうという共通合意を作ってサミットに乗り込んできた。フランスはその欧州諸国の合意を作るときも国別目標を主張していたのだが、西独などの反対で欧州全体の集団目標にすることで妥協していた。欧州全体の集団目標にしておけばＯＰＥＣに参加していないイギリスの北海油田から供給を受けられる抜け道があるので、欧州諸国は実質的な犠牲を払わずに済むという計算があった。欧州は集団輸入目標を武器にアメリカと日本に輸入削減を迫ろうという巧妙な作戦を立ててサミットに臨んできたのである。

これに対し日本は日米間で「石油輸入の量的規制は七九、八〇年の二年間に止める」と申し合わせ、日独間でも「各国別目標や成長の足カセになる合意は避けよう」という内々の話し合いをしてきたので、主催国である日本に不利にならない形でサミットをまとめられると思い込んでいた。そこへフランスから予想外の各国別の輸入割当案、しかも途方もなく低い数字が提案されてきたので日本は仰天した。

大平首相は「こんな数字をのんだら私の内閣はもちません。このお昼のおいしいご馳走もノドを通りませんよ」と反発した。昼食会は東京・赤坂の迎賓館にある和風別館「遊心亭」で開かれており、料亭の「吉兆」から取り寄せた懐石料理が振舞われていた。フランス案には通産大臣の田中六助らも仰天し

「この数字をのんだら日本経済の命取りになる。絶対ダメだ」

「もしこの数字が国民に知れたら選挙は戦えない。大平内閣はつぶれる覚悟をしなければならない」

と口々に大平を突き上げ、巻き返しを要求していたのだった。

欧米四首脳が秘密合意づくり

しかも、このフランス案を巡ってその後さらに驚くべき事実が後に判明する。何とサミットが始まる当日の二九日午前七時過ぎ、東京のフランス大使公邸でカーター米大統領、サッチャー英首相、西独のシュミット首相、そしてジスカール・デスタン仏大統領の四首脳が極秘に会談して国別目標の数字を出そうということで基本合意していたのである。主催国・日本の目の前で議長国・日本をカヤの外において主要四ヵ国が話し合っていたなどという話は、まさに日本に対する屈辱的な仕打ちであり、国益を賭けた凄まじい合従連衡の動きを見せつけた一幕だった。国別目標に初めは反対していた西独も北海油田から供給約束を取り付けたためか、立場を変えてしまっていた。

フランス案を巡る戦いは、二日目の会議の大半の時間を使って行われた。と同時にエネルギー担当大臣の間でも具体案作りを巡ってせめぎあいが続けられた。エネルギーを担当する江崎真澄・通産大臣は途中から〝国別目標と八五年は受け入れるが、輸入量は七〇〇万バレルの確保〟という方向で作戦を切り替えようと日本案をまとめて臨むことを提案した。

　しかし、日本を支持するとみていた西独の経済相・ラムスドルフは「七〇〇万バレルはいかにも多過ぎる」と言い出し、これを受けてフランスの工業相・ジローは「では五四〇万バレルの一〇%増しで六〇〇万バレルではどうか」と、まるでバナナのたたき売りのような数字のやり取りになり、結局午前の会議はもの別れで終わってしまう。そんな中でアメリカのエネルギー庁長官と大統領の個人代表が密かに「日本の目標値を六三〇〜六九〇万バレルと幅を持たせできるだけ低い方へ努力するという方向でどうか」と妥協案を持ってきた。日本の死守ラインとした七〇〇万バレルには一〇万バレルほど少なかったが、西側の結束を示し議長国日本がまとめ役として面目を保つためにはアメリカの妥協案を受け入れるしかなかった。それでもジスカール・デスタンは大平に「低い方の数字に近づけるように」と念を押してようやく合意した。こうしてもめにもめた石油を巡る東京サミットは、土壇場でアメリカが仲介に入って何とかまとまったのである。

　この東京サミットでメディアの注目を一身に浴びたのはサッチャー首相だった。当時の先進国としては珍しい女性の首相だったし、東京サミットは首脳外交初参加の舞台だったからだ。大英帝国の歴史を背負った女性首相としてどんな考えを持ち、何をどのように語るか、と一挙手一投足が注視されたのである。サッチャーも東京に着いた途端、そのことに気づき意識したようだった。

「東京の空港で飛行機から降り立った私は大変な数の記者たちにとり囲まれた。彼らは女性首相という驚くべき、ほとんど前例のない現象を目にしようとやってきたのだった。気温は非常に高くむしむししていた。ホテルに到着してすぐに、私はカーター大統領と会うためアメリカ大使館へ行き、サミットで持ち上がりそうな問題への対応を話した」（マーガレット・サッチャー著『サッチャー回顧録―ダウニング街の日々』日本経済新聞出版）

サッチャーの首脳人物評

サッチャーは、その後〝鉄の女〟と呼ばれる男勝りの首相として名を馳せ、合計十二回のサミットに参加している。その後のサッチャーの会見や行動を見ていても「私は大英帝国の歴史を背負っている」という意気込みは誰の目にも明らかだった。

「私は彼女の分析と論理の立て方、その思考と限界、要するにこの人物を品定めしたいと考えていた。英王国を率いていることに、とてつもない誇りを抱いていることがわかった。慇懃さからその態度には表わさないものの、他の国々を尊大に見下している。彼女には話し相手と理解し合う用意はあるのだが、自分の観点を全部受け入れるという条件が付く。相手がわずかでも留保をつけたりすると、その人物が譲歩するまで徹底して打ち負かそうとするだろう。」（ジスカール・デスタン著『エリゼ宮の決断』読売新聞社）とフランスのジスカール・デスタン大統領は、サッチャーを冷ややかに見ていたことを隠していない。しかしサッチャーもまたジスカール・デスタンに好意を持っていなかったことをあからさまに表明している。

「ジスカール・デスタンは、私がどうしても親しみを感ずることが出来ない人物だった。お互いにそのように感じていたという印象を私は強く持っていた。彼は貴族の物腰を身に着けていたが、思考態度はテクノクラートのそれだった。彼は政治を人民の利益のために、しかし人民を真に参加させることなく実践すべき、エリートの楽しみとみなしていた」（マーガレット・サッチャー著『サッチャー回顧録―ダウニング街の日々』日本経済新聞出版）

さらにサッチャーはカーター米大統領に対しても率直な評価を下している。

「私はカーターの事を好きにならずにはいられなかった。彼は深い信仰を持つクリスチャンであり、見るからに誠実な人物だった。彼はまた知的能力に秀でており、科学や科学的手法に通じていた。しかし彼の分析には大きな欠点があった。経済について自信がなく、問題が起こるとその場しのぎの不毛な介入主義に傾く傾向があった。この結果、彼はソ連のアフガニスタン侵攻とか、イランの米外交官人質事件が起こると、驚き慌てることになってしまうのだ。こうした欠点に加え、彼は個人的資質の面で大統領に向かないところがあった。大きな決断に苦悶し、細かいところに気を取られ過ぎた。これを示したのは、一国を率いるには品位と努力だけでは不十分だ、ということだった。ただ以上を述べた上で、私はジミー・カーターが好きだったことは繰り返しておこう」

（前掲書）

こうしたほとんどの首脳たちの発言やその後、出している回顧録を読むと、サミットは単にテーマの議論だけでなく、互いのキャラクター、話し方、論理力等々を探りながら国益を賭けた〝戦い〟を行なっていることがわかる。

ロン・ヤス関係築いた中曽根首相

日本の首相でサミットに数多く出席したのは安倍晋三首相の八回で、次いで六回の小泉純一郎首相、それまでは八三年から八七年まで続けて参加した中曽根康弘首相の五回が最高である。次いで橋本龍太郎首相が九六年から九八年までの三回、あとはほとんどが一回か二回だ。日本の首相は大体、一年から三年で交代してしまうためサミットの出席回数も限られてくるのだ。参加する首脳がこれまで目まぐるしく変わっているのは政変の激しいイタリアだろう。これに対しドイツのコールは十六回、フランスのミッテランが十四回、イギリスのサッチャーが十二回、アメリカのレーガン、クリントン、ドイツのシュミットが各八回――などとなっている。しかも欧米の首脳はサミット以外にもＮＡＴＯ（北大西洋条約機構）の首脳会議や欧州首脳会議など様々な会議で同一人物が数多く出席しているから互いに気心が知れており、親密度も日本の首脳とはまるで違う。

日本の首相の中で欧米の首脳の回想録で名前が出てくるのは中曽根康弘を除くと、福田康夫、大平正芳、橋本龍太郎ぐらいだろう。それも一ページもなく、日本の首相がサミットなどで大きな印象を与えた形跡はない。

日本の首相の中で存在感を示そうとして、日本のアピールに力を入れたのは中曽根康弘だった。中曽根は自分なりの国家観を持ち、国際舞台で大国首脳と渡り合うことを楽しみにしている印象さえあった。私は何度か中曽根にサミットの感想をインタビューしたことがあるが、実に楽し気に能弁に語っていたことが印象的だ。
特にアメリカとの関係に気を遣っていたのか「強いアメリカ」「新保守主義路線」の全面的支持を主張し、ワシントンポスト紙のインタビューなどで「日米は運命共同体だ」「日本は不沈空母である」「ソ連艦隊を太平洋に出さないよう日本の四海峡封鎖も辞さない」などの意見を大胆に語った。特にこの「不沈空母」発言はマスコミや共産圏諸国で騒がれたが、アメリカの対日観を一挙に好転させる効果を持った。
この報道があった後のアメリカ・ウィリアムズバーグサミットの朝食会でレーガン大統領から「これからはファーストネームのロン・ヤスで呼び合おう」と言われ、以来その後のいわゆる〝ロン・ヤス関係〟がマスコミで有名になってゆくのである。またこの時
「今度のサミットで私はキャッチャー役をやりますから大統領はピッチャー役をやって下さい。ただピッチャーもたまにはキャッチャーのサイン通りにボールを投げて下さいよ」と中曽根が述べたら、レーガンは
「いやピッチャーはキャッチャーのサイン通りにボールを投げるものだから、沢山サインを出して欲しい」と応じたという。

写真撮影で真ん中に立つ

ウィリアムズバーグサミットで日本のマスコミの間で話題となったもう一つの出来事は昼休みに行なわれる写真セッションだ。昼食が終わると首脳たちは中庭に出てきて全員で写真を撮るのが恒例となっている。日本の首脳はいつもこの写真セッションで一番端っこの方に立ち、サミットの中で孤立している状態が写真によく表れているといわれていた。しかし、中曽根はレーガンの隣に立ち真ん中で写真に写るよう心掛けたのである。私もその写真撮影の現場にいたが、会場から中庭に出てくる時からレーガン大統領の側を離れず、そのまま話しながら歩いて撮影場所まで行ってレーガンから離れなかったのである。日本記者団の中からは、中曽根がどの位置で写真を撮られるのか注目していたので、そのままレーガンの隣に立ったのを見て「中曽根もなかなかやるなあ」と声が上がったのを覚えている。後に中曽根は

「実は日本は国連の分担金、拠出金ではアメリカに次ぐ巨額の資金を負担している。だから写真撮影の隅に立ったんでは納税者である国民に申し訳ないと出発前から思っていたので真ん中に立ったんです。これも愛国心ですよ」（中曽根康弘・著『天地有情 ─五十年の戦後政治を語る─』文藝春秋）と告白している。実は周到に意識して会場を出て、話しながら自然にレーガンの隣に立ったように

見せかける中曽根の戦術だったのだ。

実は、この写真撮影の並び方は、日本以外の国でも話題になることが多かったようで、その後は原則として主催国の首脳が中央、その左右に出席回数の多い順、首席回数が同じ場合は国家元首を上席とする大まかなルールが決まったようだ。

サミットは国際的会議の中心として現在も継続している。冷戦終結後の一九九一年にソ連の参加が話題となり、会議終了後にG7首脳とゴルバチョフソ連大統領との会談が行われた。その後もサミット終了直後にロシア首脳とG7の会談が行われたが、一九九七年の第二三回デンバーサミット（カナダ）からロシアのエリツィン大統領が正式に参加。サミットはG7からG8となった。しかし、ロシアによるウクライナ・クリミア半島への軍事介入を受け、二〇一四年にロシアの参加は資格停止となり、再びサミットはG7の会合となった。

一方で新興国の扱いが重要課題となってきたため、G7会合と同時に新興国の代表会議も行われるようになり、サミット終了後にG7首脳と新興国代表との話し合いがもたれるようになった。ただ、意見集約が難しく、サミットの存在意義も段々低下しつつあるのが実情だ。

私は日本の北海道で開かれた洞爺湖サミットに現場取材をしたのを最後に、三〇回以上に及んだサミットの現場取材を止めた。かつてのようにサミットが世界を仕切れる状況ではなくなり、もはや世界の中心的な国際会議とはいえなくなったと感じたからだ。

ただ、それまでのサミット取材は各国のキャラクターや利害の調整を巡る交渉過程は、国際情勢の動向や力関係を知る上で非常に面白かった。また個人的な事ではあるが、毎年Ｇ７の主催地に出掛け、帰路に周辺国を旅してくることも大いなる楽しみだった。フランスのリヨンサミットの時に、世界の食の名店・ポールボキューズに行って夕食を食べたことなどが忘れられない。

四・アメリカと情報分析していた天川勇氏

国際情勢や軍事学、戦略などを一生に渡って研究、分析、提言を続けてきた天川勇氏のことは、世間ではほとんど知られていなかったようだ。その天川氏に一〇年以上も教えを乞うてきた私と友人の生井俊重は、本当に幸運だったと思う。

天川氏の話は、いつも具体的事実に基づき、新聞や世間では知られていない極秘情報を織り交ぜ、その時点での分析と提言を行なっていただいたので、毎回興奮しながら聞いたものだ。講義の後は必ずレクチャーに対する質問とその日の講義とは関係のない疑問を持ち出せば、それにも丁寧に答えてくれた。まるで国際社会の流れを映像で見ているように捉えることができたし、とにかく話が具体的でリアリティに富んでいたため、新聞やテレビで報道される抽象的な解説とはまるで違って説得力があった。天川氏の話を聞いてから本を読むと、抽象的な本も具体性を伴った話を聞いた後なのでまるで理解の仕方が変わって面白く読めた。

天川氏は、県立神戸一中の一年生の時、水野広徳の『此一戦』を読んで海軍に憧れたという。水野は松山中、海軍兵学校卒業後、海軍に入り、日露戦争で旅順口閉塞作戦、黄海海戦、日本海海戦などに従軍し明治四四年(一九一一年)に『此一戦』を刊行。第一次大戦では二度に渡り欧米を視察、空襲を受ければ東京が灰になる可能性を指摘し、帰国後、海軍大臣・加藤友三郎に「日本は如何にして戦争を避けるべきかを考えることが肝要です」と報告。軍国主義者から平和主義者に転じ、軍にいては思うように執筆できないとして海軍大佐で退役、評論家としての道を歩んだ人物として知られる。一九三二年に「日本の満州国承認は、国際連盟を驚愕せしめ米国を憤慨せしめ、中国を絞殺せしめた」等と満州問題を論じ発表禁止処分を受けた。

天川氏はこの『此一戦』を読んで感激し、海軍に対する憧れを持ち、自分の生涯の路線を決定することになったと述懐している。ただ、身体が丈夫でなかったので海兵に進むことが出来ず慶應大学に入学した。慶應では予科三年の時「国防研究会」を作り、七〇~八〇人の会員の幹事を務めた。実践的活動ではなく専ら内外の軍事学研究に没頭しクラウゼヴィッツ、マハン、タルボットなどを精読し議論を行なうと共に、クラスメートに軍令部次長の高橋三吉中将の次男がおり高橋邸で中将の指導を受けた。海軍大学研究部にいた新見政一大佐、末次信正・海軍大将、伊地知参謀長などを紹介してもらい会員一五人が旗艦「長門」に乗って小笠原からマリアナ方面までの演習を見学したこともあったという。

卒論にはクラウゼヴィッツの「歴史的社会的背景——戦争と平和の弁証法」を書き卒業。その後文学部研究室に入り助手四年、講師三年の計七年大学にいたところ、海軍の招きにより昭和一四年四月、海軍省臨時調査課と海軍大学研究部の嘱託となった。ここで昭和一三年に国防研として「日米もし戦わば」とのパノラマを出展したり、中央公論に論文を寄稿し「支那事変への過剰介入を不可とし海洋の国防を重視すべき」などと書いたところ、海軍次官、中将、少将、大佐ら十数名の口頭試問を受けることになり、これに合格し正式に海軍入りが決まって、海軍大学の教授として迎えられる。以後、慶應と京都大学に研究会を作り、さらに中央公論、文藝春秋、改造、日本評論の四大雑誌編集長を中心とした「太平洋研究会」を作り月一回集まって勉強会や情報交換会を行なった。

昭和一六年に入ると海大研究部で蘭印油田が爆破された後の研究、食糧自給対策の試案や本格的な図上演習などにも参加した。さらに海軍調査課では民間知識の吸収が積極的に行われ、各研究会では週に一度位、課題テーマに対する論文提出と、討論があり、その結果は海軍の意見の材料として取り上げられていった。天川氏は総力戦論、国土計画を担当し矢部貞治東大教授らも加わって半年がかりで作った一〇〇ページほどの「国防国家論」は評判になった。当時の海軍は専ら戦術と訓練に力を入れていたが、戦争理念、思想統一、総力戦などに対する研究が遅れていたためで、とりまとめは高木武雄大将が行ったという。

しかし昭和一七年六月に米軍とミッドウェー海戦が行われ、日本海軍は投入した空母四隻と搭載機約二九〇機の全てを喪失し、日本は敗戦への道を進んでゆく。またこの頃から軍部の意見が割れ始め、陸軍に対する海軍の不信も大きく東条英機内閣への不満も高まり暗殺計画までがささやかれるようになった。

日本の軍部内には、和平交渉へ進むべきだとの意見もあったが、物資動員計画はままならず結局、本土決戦論を主張する陸軍の勢いに押され、敗戦へと繋がっていったのである。

天川氏は民間出身ながら、性来の軍事研究好きなどを海軍幹部に買われ、海軍省に勤めることになった。ただ、天川氏が提案した「ミッドウェー海戦後は早急に和平交渉に入るべきだ」との提言や作戦は受け入れられなかった。しかし、敗戦後アメリカ軍が進駐してきた後、GHQは天川氏の論文や提言をみて関心を示し、天川氏と議論、研究を行なうことを考え、天川氏に研究会を提案したようだ。天川氏によると、元々軍事研究が好きだったため「言いたいことは全て言う」との条件を受け入れるなら受けると答え、戦後アメリカ側と軍事研究の会合が始まったという。しかし当初は、意見が合わず少なからず対立もあったが、次第に互いの理解が深まり、定期的に話し合いを持つことになったようである。天川氏がアメリカ側から信頼されるようになると、アメリカ側の持つ資料も要求すれば全て見せてくれるようになったという。

天川氏は私たちに対し、当初は「自分の言ったことは新聞や雑誌に絶対書いてはダメだ」と念を押していたが、ある時から「自分が許可したものなら書いてもよい」となり、そのうちに「君たちの判断で書いても構わない」と変わっていった。多分、私たちが約束を守り、勉強に励んだため段々信用を得たからだと思う。

アメリカ大使館の秘密資料を閲覧

ところがある日、秘密資料を元にして私たちが書いた文章がアメリカ大使館の目に入り天川氏が呼ばれた。その時、米国大使館側に「この記事の下になっている情報は天川氏が出したものか」と聞かれ、天川氏が一読した後「そうだ。私が教えている二人に語ったものだ」と言ったところ、アメリカ側は「それならわかった。いや天川氏以外の所から出た情報で書かれたとすると、情報漏れの原因を調査する必要があるので調べなければならないと考えていた。天川氏が判断して許可して出したものなら問題はないと」ということで収まったと述べられた。

戦後の天川氏は信頼した財界人や官僚、政界関係者などいくつかのグループに私達に行なったようなレクチャーを実施されていたようで、後にその名簿を見せてもらったことがある。アメリカ側は資料を提供すると共に、天川氏の分析や意見を聞きたくて交流していたわけだが、その名簿を見ると日本を動かしている錚々たる人々の名前がほとんど入っていた。アメリカ側としても、アメリカが考えていることをきちんと日本の中枢に知らせておきたいという意図があったのではないかと憶測される。

天川氏には、私がワシントン特派員になった後も時々電話してアメリカの真の意図や天川氏の意見を聞き続けた。この電話レクチャーでもアメリカ側の意図する狙いがよくわかり、原稿を書く上でも大いに助かった記憶が今でも鮮明だ。

私たちが信用されるようになったのは、記者として書きたい話はいくつもあったが絶対に許可のないものは書かなかったこと、私たちが天川研究会に出そうな議題やテーマについていつも勉強を怠らなかったことがあげられる。そのうちに年に一度か二度「ちょっと食事でもしよう」と誘われるようになりご一緒したことも大きかった。天川氏は、本当に朝から晩まで英字紙、外国雑誌などを含めたあらゆる資料を読む毎日で時々息抜きがしたかったようで、よく海軍時代に通ったという九段の小料理屋に呼ばれた。もう一つ印象深い出来事としては、ある夜我が家に天川氏から突然電話がかかってきて「身体が痛く、しんどくてたまらないので明朝来て欲しい。どこか良い医者を知っていたら紹介して欲しい」と頼まれたことがあった。そこで早速翌朝、天川氏宅をお訪ねし、近くの信用できる医者に連れていったことがあった。その時、その医者は「これは近くの国立第二病院の○○医師に診てもらった方が良い」と言われたので、第二病院に話をつけられる政治家の首脳から電話してもらい、入院を手伝ったことがあった。そのことがいたく嬉しかったらしく、私たちの信用もグーンと上がったようだった。

その天川氏も私がワシントン特派員から帰国して挨拶に伺った時、元々細い身体がやせ細り、弱っておられることが感じとれた。結局、その数年後に亡くなられたが、天川氏に教えられた情報の読み方や分析の方法などが、その後の記者生活や物事の理解の仕方に大きく役立った。

天川氏は政界、財界、官界などの枢要な人たちと東京、大阪、名古屋などで勉強会を持ち、毎月呼ばれていたようだが、どんなメンバーなのか私たちも興味があった。ある日その名簿を見ることが出来た。そのきっかけは、天川氏の喜寿の祝いをしましょうと持ち掛けたことからだった。いつも一人で勉強されているだけでは、人生に面白味がないだろうと思い、喜寿の祝いでレクチャーを受けている方々に集まってお祝いしてもらったら、人生に花を添えることになるだろうと考え提案したのだ。当初は「そういうことはあまり好きじゃない」と固辞されていたが、何度か説得するうちにＯＫの返事をもらったのだ。

一九八六年一一月二七日、場所を全日空ホテルとし、福田赳夫首相と経団連会長だった平岩外四・東京電力会長に発起人となっていただいた。当日は政界、財界人など一〇〇名を超える方が出席され、先生も嬉しそうに談笑していた。後日、パーティーの話になった時「いやー、あの時はありがとう」とお礼を言われ、お祝いの会を行なって良かったなと思ったものだ。また、あの喜寿の祝いの会から私たちに対する信用も格段に上がり、疑問がある時に電話すると懇切丁寧に説明してくれた。また財界など枢要な人たちも私たちが天川氏の〝弟子〟のような存在であるとわかると扱われ方が全く違ってきたことも印象的だった。

天川氏の名前はメディアには、ほとんど出なかったし、取り上げられることもなかった。しかし、政財界の中心的な人物は天川氏と接触し、アメリカの情報などを常に取り入れていたのだ。アメリカ側もまた天川氏を通じて、アメリカの戦略、方式を知らせていたわけだ。日米間にはこうした人物が間に入って、互いの情報を交換し、協力し合っていたのである。

天川情報と分析にアメリカが関心

私が天川氏の名前と存在を知るきっかけとなったのは、ある日、新日本製鉄の武田豊専務（当時のち社長）を訪ねたことだった。私は取材を兼ねてよく財界の人たちを訪問し、政治や経済、国際問題などについて議論することが好きだった。そんな時、武田専務に、

「シマ君は天川氏をご存じなのか」と聞かれた。天川氏の名前はマスコミにはほとんど登場しなかったし、知る人もいなかった。私にとっても初めて聞く名前だったので

「いえ知りません。どんな方ですか」と尋ねると、

「シマ君はよく国際問題などを話すので天川氏の話をしょっちゅう聞いているのかなと思った。私も会長の永野重雄さんなどが欠席と聞くと他の用事をキャンセルしていつも聞きにいくんですよ」と言い、「もし機会があったら一度天川氏を訪ねたら良い」とアドバイスされた。「ただちょっと気難しいところもあるから相当真剣に頼まないと会ってくれないかもしれないな」と言われたことを覚えている。そこで、よく中東の石油問題や国際情勢を議論する東洋経済の友人・生井俊重に天川氏の話をし、一緒にぶつかってみようと誘った。

しばらくしてから天川氏の所に電話し、武田専務から聞いてお会いしたいのだ、と告げると「今は忙しいし、記者は嫌いだ」とにべもなかった。しかし、これは電話で頼む話ではないと直感し、数日後に住所を探し出し、直接、駒沢公園近くのお宅を訪問してこちらの希望をお願いした。着物姿で出てきた天川氏に「武田専務からお名前を聞きやって来ました。私たちにも講義をお願い

できないでしょうか」と頼んだが、最初は全く聞く耳をもたないという雰囲気だった。しかし、それであきらめてはせっかくチャンスを潰してしまうと考え、二、三日後に再び訪れるなど数回にわたって訪問し、「年輩者だけに話すのではなく私たち若い者にも聞かせて欲しい。多分、そのことは世の中のためになると思います」と執拗に申し込んだ。すると

「そこまで言うなら特別にレクチャーをしよう。その代わりきちんと勉強してくることと、聞いたことを許可なく書かないことを約束するなら来月から来なさい」と許可が下りたのだった。以来、一ヵ月に一回先生のお宅に伺うことになったのだ。

話の内容は聞きしに勝るものだった。毎回、講義内容をA四の紙に印刷したテーマと、テーマに沿った講義内容の項目が記されており、一回の講義に五つ位のテーマが書かれていた。例えば一九八六年九月の例会テーマは次のようになっていた。

Ⅰ、「ソ連ゴルバチョフのアジア太平洋国家宣言と米国太平洋支配体制への挑戦」と題し、講義内容として①ソ連は八〇年代から世界の大西洋時代から太平洋時代への転換と、将来のアジア太平洋の支配が世界の支配を決するとの大戦略を決定す②ソ連はアジア・太平洋に社会主義的公正

関係の網の目を構築して、米国の同地域における帝国主義的支配体制に挑戦し、これを打破せんと企図している③ソ連は既存のインドとの友好同盟関係やベトナム、カンボジア援助強化や北朝鮮軍への強化を枢軸とする北太平洋戦略路線の基礎固めを企図し、更にＡＳＥＡＮ諸国、特に比国に接近して米国をハワイ以東に封じ込めんと試みている④ソ連は核で米国から離脱するニュージーランドや労働党の豪州に接近し、新しく独立した数十ヵ国の南太平洋における島しょ国の国々にソ連独自の軍事的勢力範囲を設定せんと懸命である⑤ソ連はモンゴルとソ連軍撤退に関し同国と検討中であり、アフガニスタンからも年内に六個連隊を撤退させると言明。更に中ソ国境に配備されているソ連軍の部分的撤退の用意ありと声明して、中ソ国境七〇〇〇㎞にわたり平和と安定の平和攻勢をかけて、中ソ両国の関係改善に積極的に対応する姿勢を誇示している。ソ連は中国を米国から引き離さんと試みている⑥ソ連は日本を第一の重要性を持つ大国と規定している。ソ連は日本のハイテクや経済協力を熱望している。特にコンピューターやソフトの利用技術を狙って、日ソ合弁企業を企図している。ゴルバチョフは領土問題を棚上げして自ら率先して来年早々の訪日を望んでいる。ソ連は政治外交上、日米の離間を策謀している。

II、中国首脳のゴルバチョフ・ウラジオ宣言に対する態度

①鄧小平や中国外務省はゴルバチョフのウラジオ演説の中で、中ソ国境交渉や新疆自治区とカザフ共和国を結ぶ鉄道建設の提案や中ソ国境の経済交流促進提案には前向きの姿勢を示している②中国首脳はゴルバチョフのモンゴルからのソ連軍撤退の検討やアフガンからのソ連軍撤退案に対しては、極めて慎重にその具体的実現に注目している③鄧小平はゴルバチョフがベトナムやカンボジアへのソ連の援助削減又は停止に関して何ら言及していないことに不満を表明している。特に鄧小平はソ連軍のベトナムのカムラン、ダナンへの海・空軍事力の大増強を批判している。この点が特に中ソ関係改善の大障害になっている。

III、日本政府のゴルバチョフ演説への歓迎態度

①中曽根首相はゴルバチョフのウラジオ声明の対日評価に対し気を良くし、積極的に日ソ関係会善を企図している②日本政府は日ソ企業間の協力、合弁に前向きの姿勢である。ソ連は半導体やコンピューター分野における日ソの技術交流を望んでいるが、日本企業にはこれに応ずる姿勢のものもある③ゴルバチョフは過去を忘れて領土問題を棚上げにせんとしているが、日本政府はこれにも一応の主張はするが、結局は目をつぶることになる④中曽根首相はゴルバチョフの訪日実現で、特に日本国内における政治的立場を一層強化せんとしている。米国政府はこの日本の動

きに警戒を怠っていない。日ソ交流は良いが、ハイテク交流が行き過ぎると日米で大変なことになる。

Ⅳ、イラン軍の最終大決戦の準備を九月二二日のイラン・イラク戦争の六周年記念日から作戦開始

①イラン軍は一〇〇〇個大隊兵力五〇万人を動員。前線へ投入し、新招集兵には一二歳の少年から六〇歳の老人まで総動員②ホメイニ師は軍最高首脳を九月初旬に集め、対イラク最終決戦発動を指示した③中国はイラン軍に空対空ミサイル（SAM）、空対艦ミサイル（ASM）等、三億ドルの兵器を供与。更にMIG—21戦闘機を中国式に改良したF—8戦闘機五〇機以上、近々イラン空軍に供給する予定④イラン軍は三月以来、シリア軍将校五〇人の援助によりソ連方式の空挺旅団三個を編成中。既に一個旅団は完成、第二番目の旅団は九月下旬に編成、第三番目は一二月に編成終了予定。同上空挺旅団には各々一個中隊のヘリコプターを配備する。このヘリコプターはソ連式で中国・北朝鮮経由で入手⑤三個の空挺旅団を保有したイラン軍は、イラク軍の堅固な国境防衛の要塞戦の背後の弱い補給線を奇襲してイラク軍の退路を遮断せんと計画している。⑥イラン軍はシリア、リビア、北朝鮮から入手した中距離と短距離の両ミサイル陣地三ヵ所を建設し、こ

れら各基地は各々北部、中部、南部の各戦線に配備した⑦イラン軍は八七年三月末までに対イラク最終決戦をイラン軍勝利の下に終了させる計画で、その第一弾作戦は九月末から一〇月末までの乾期に行なわれるであろう⑧イラク軍も航空機、戦車、火砲の優位を維持しているので兵力量はイラン軍に比べ劣勢なるも頑強な抵抗で応戦している。そのため戦局は双方五分五分で来年三月末までに終結する公算は少なく依然消耗戦が続くであろう。

▽米国経済悪化と日米株価暴落問題

①米国経済は第二、第三四半期は連続で実質GNP一%以下に落ちる見込みであるが、米財均法では二四半期連続成長率が一%以下の時は、財均法の適用は停止になるので八六年度の財政収入は激減のため財政赤字は二三〇〇億ドルを突破する見込み②米国貿易赤字は八五年一四八五億ドルから八六年二〇〇〇億ドルに増加の見込み。米ドル安になっても米国貿易赤字は増加している③米国産車の八六年型車の販売悪化で在庫一掃の為、主要自動車メーカーは大胆な赤字経営に踏切り、GMはローン金利を二・九%に。クライスラー社も二・四%、AM社は0%に切り下げた④九月NY株式が二日連続で一二〇ドル暴落したことは注目すべきことである。日本の株式もこれに連動して暴落した。問題は悪化している米国景気の低迷でボルカー連銀総裁が憂慮している米ドルの暴落の

前兆ではないかどうか、万思すべき時期と思われる。（以上）

アメリカと討論・情報交換

以上のこれらのテーマとテーマに沿った各項目について二〜三時間にわたり講義するのが毎回の通例だった。テーマの項目を見てわかる通り、項目内容そのものに極秘情報が満載されているのだ。特にイラン・イラク戦争の情報分析などは両国の部隊名まで書いた両軍の配置図などもついていた。多分アメリカから得た情報だろうと推測がつく。天川氏は情報が必要な時はアメリカのＣＩＡ、ＤＩＡ（国防総省の情報機関）はじめ財務省、国防総省などに直接電話して意見交換しながら情報を入手し、同時に天川氏も意見を述べることになっていたようだ。

八六年九月の例会テーマは前述した通りだが、その他に印象に残っているテーマや講義を上げると

「中国政治の近代化路線と第三世代指導層の出現」「中国経済の改革、開放政策の試行錯誤と将来の展望」「ペルシャ湾戦局の変化と米ソ両国の対イラン牽制」「米国・八七年予算を巡るホワイトハウスと議会との奮闘」（以上八六年四月テーマ）

「レイキャビク米ソ準備首脳会談の決裂への経過とその評価及び今後の収拾」「紛糾した一〇月のOPEC総会の増枠減産決定は、イラク空軍のイラン石油設備撃滅作戦によるイラン原油輸出激減が原因」「米国経済の低迷と米貿易の不振」（以上八六年一〇月例会テーマ）

「中国の精神文明建設指導方針決議と改革派・保守派の論争」「中国政治体制改革の制約と来年一〇月党第一三回大会の後継人事問題」「フィリピン・アキノ政権の危機。アキノ大統領とエンリレ国防相との対決収拾できず」（以上八六年一一月例会テーマ）

「米国とイラン秘密交渉暴露とレーガン政権の信頼回復問題」「金日成主席の対南死亡放送の背景と米韓両軍の緊迫臨戦配備の緊要性」（以上八六年一二月例会テーマ）

「イラン軍の一月カルバラ五号の対バスラ攻撃作戦と微妙な戦局」「胡耀邦総書記解任と中国改革派内部の権力闘争」「OPEC一二月総会減産合意と一八ドル価格固定制確保の困難」（以上八七年一月例会テーマ）――などといった具合で、時にはアメリカ側との細かな討論の内容も聞かせてくれた。また天川氏が疑問に思った時は、直接アメリカ側の関係者に詳細を聞いて確かめているようだった。

私が今でも鮮明に覚えている事例は、イランの大使館でアメリカ人が人質となり、これを救出するためイランに向かった時の話だ。この救出作戦は、アメリカの軍用ヘリが砂塵に出会い砂漠に不時着した時、このまま作戦を実行するか、中止するかの判断を軍用ヘリの部隊から第六艦隊の責任者に問い合わせたというものだった。第六艦隊でも判断がつきにくく、直ちにアメリカの国防総省に連絡したところ、中止の判断が伝達されたが、その判断が砂漠の軍用ヘリに伝わるまでの時間は三〇分程度だったという。

その時、天川氏は「第六艦隊には気象将校も乗っているはずだが気象将校の判断はどうだったのか」と疑問に思い、第六艦隊に直接確かめたという話だった。そんな生々しい事例を聞くと興奮せずにはいられないし、砂漠に不時着した軍用ヘリの乗員たちのことを想像すると、一刻を争う事態であり、それを第六艦隊からアメリカ本土まで連絡を取り約三〇分で結論を出し、現地に伝える軍の素早い行動と連絡にも舌を巻くほど驚いたものだ。天川氏の講義にはそうした具体的エピソードが数多く入っていただけにリアリティーを余計に感じさせてくれたのである。

毎回のテーマは、米・ソ関係、米・中問題、中東情勢、日・米関係、フィリピンの危機、中国やロシアの人脈と力関係、アメリカ経済などありとあらゆる問題にわたっていたし、地域紛争、サウジアラビアの王室事情など細かなことも詳しかった。それらを国際情勢の動向と結び付け関連を紐解いてくれるので毎回「そうだったのか」と霧が晴れるような気持ちにさせられたものだ。

天川氏の話は、私にとって極めて重要な情報の宝庫であり、世の中の見方を様々な角度から分析する方法論を教えてくれる〝師〟でもあった。メディアや学者、その筋の専門家などの解説だけでなく〝天川流〟の分析方法論が実に新鮮で、その思考方法を身に着けられたことが最大の収穫だった。

その後、天川氏のように世界のあらゆる情報を持ち、その情報から独自の分析をして日本の枢要な人たちにレクチャーをしている人を探したが、代わりになるような人物は見つかっていない。

第三章 突如、毎日労組の専従に

一．毎日新聞が経営危機に

労働組合の専従に

毎日新聞在社中のことで、どうしても触れておかなければならない活動に毎日新聞の労働組合のことがある。学生時代にさんざん学生運動にエネルギーを費やし、学問をおろそかにしてきただけに、新聞社に入ったら脇見をせず記者の道一本で進む決心でいた。ところが一九七六年春から、私は労働組合に捕まってしまった。毎日新聞は東京、大阪、名古屋、福岡の四本社制と北海道支社に分かれ、各本社に社長、役員がいて、編集局、広告局、販売局、活版局、印刷局などがあり、四本社で全国に新聞を配っている。中心の東京本社は東京、関東、東北を管轄し、大阪本社は近畿、中国、四国、北陸、九州本社は九州、山口県、北海道支社は北海道全域を管轄して、これらの五本社体制で〝全国紙〟として日本を代表する新聞社となっているのだ。同じような全国紙は戦前、毎日と朝日新聞だけだったが、戦後読売新聞も九州などに本社を作り全国紙体制を整え、今は読売の発行部数一番が多い。昔の漫画本に全国紙の名前として「毎朝新聞」とか「朝毎新聞」とあるのはこうした歴史から来ている。

毎日労組も四本社と北海道支社に執行部があり、それぞれ委員長、書記長、専従役員がいて常に連絡を取り合いながら東京本社を中心とする経営陣と交渉していた。賃金や労働体制、条件など全本社に共通する課題は、東京本社の経営陣と東京の労組が交渉し、その交渉には東京本社の労組役員と各地方本社の委員長、書記長も同席して交渉にあたっていた。

東京労組は編集部門から委員長ら三人、活版、輪転など印刷部門から書記長ら三人、それと広告、販売の代表が一人ずつ専従役員として選出されることになっており、任期は編集の場合は大体一年とされていた。私は入社九年目の一九七六年(昭和五一年)に経済部推薦で専従となった。他に編集からは私より八年先輩で社会部出身の大住広人氏、二年先輩で政治部から石上大和氏が専従として執行部を形成、大住氏が毎日労組全体の委員長、印刷局活版職場出身の福島清氏が書記長となり石上氏は組織部長、私は教宣部長と毎日新聞の経営調査特別委員長などになった。この数年前あたりから毎日新聞の経営危機が本格化し始めており、経済部出身の私が毎日新聞の経営危機の実態を調べるため、新しく委員会を作ったのだった。

毎日の経営は調べてみると大変なことになっていた。

部数が落ち込み、部数減に伴って広告単価も朝日、読売に比べ安くなっていたから営業全体に力がなかった。これまで賃上げを抑えたり、会社の資産を売却することで何とかしのいでいたが、もはや売却資産は残り少なくなり、賃上げ抑制も労組との交渉で簡単にはいかなくなっていた。私が入社した一九六七年（昭和四二年）頃の給与は朝日と並び、読売より多いぐらいだったが、七六年には世の中は高度成長で景気が沸いていたのに毎日の給与はほとんど上がらず、朝日、読売にどんどん差をつけられていた。特にボーナスがひどくて、給料より低く、恥ずかしくて他人には言えないような額まで下がっていた。危機は給与のこともさることながら、毎月の運営資金にも穴が開きそうな状況で、三菱、三和のメインバンクから何とか融資してもらってつないでいる有様だったのである。

経営の実態に呆然

私は毎日の経理状況を知って、正直呆然とした思いに駆られた。銀行がつなぎ融資をしていなければ、いつ倒産してもおかしくない状況だった。毎日、新聞を発行し続けているし、社員は毎日新聞が好きで入ってきた人が多かったから、これまで組合や社員が厳しく経営問題を追及することはなかったのだ。

しかし事態は急を告げていた。ややこしかったのは、毎日の窮状を数字をあげて社員に知らせると直ちに外部に漏れ、他の新聞や週刊誌などが「毎日は倒産の危機」などと書かれ、ますます部数を落とし広告にも響きかねなかったからだ。しかし組合の立場としては、それでなくとも給与が酷くなっている折なので、〝経営状態が悪いから〟と言って自ら要求を下げるわけにはいかなかった。むしろ新聞としては、「教育の毎日」と言われたり、ロッキード事件など事件に強かった。全国紙の中で最初に企業経済の紙面を作るなど常に先駆的な試みを行ない評判が良く面白いと評価されていた。また記者たちもいい新聞を作っているという自負を持っていた。

一方、新聞社の労働組合の団体である新聞労連は概して危機にある毎日新聞を応援してくれていた。しかし、各社の経営陣となると話は別で、もし毎日が倒産したりすれば、当時四五〇万部とも五〇〇万部とも言われていた毎日の読者の取り合いになり、各社は部数を増やすチャンスが出てくるからだ。またその頃から新聞離れの傾向が出ており、ニュースはテレビ、ラジオなどで知れば十分という雰囲気が広がっていた。もはや毎日新聞社一社の問題というより新聞界全体の問題になってきていた。そんな背景もあっただけに、毎日新聞の読者がいなくなればその取り合いが激しくなることは目に見えていた。特に読売新聞は朝日を抜いて名実ともに日本一の新聞社になることを目指していたから、新聞労連の中でも読売労組は毎日に冷たかった。「毎日」が無くなった時に労使一体となってその分の部数をさらうことを狙っているとみられていたのである。

こうした毎日危機の中にあって、組合の原則を貫きながら、一方で毎日の経営を倒産させずに数千人の組合員をリードしてゆくのは至難のことである。しかし、社会部出身の大住広人委員長の指導ぶりは見事だった。

経営危機にある時、労働組合が組織運営の方向を決めることはかなり厄介だ。普通なら組合員の要求を吸い上げて会社にぶつければ済む。しかし会社がつぶれそうな時、厳しい要求を突きつけ、会社側が上手く対応できないと本当につぶれる懸念があるからだ。かと言って会社側を忖度して要求を弱めると組合員は納得しないし、会社側も組合に寄りかかってきてしまい厳しい経営をしたがらなくなる。そればかりか、組合が突き上げないと経営力も間違いなく弱まってくるものだ。こちらも会社側もいろいろ構想を練り、体力や腕力、論理力を鍛える努力をして勝負していけば共に強くなるが、相手が弱く寄りかかってくるようなタイプだと互いに弱い部分で妥協してしまい、結果的には共倒れになる危険があるのだ。大住氏はこの辺の緩急を実によく心得、いつの間にか無能な経営者に代わり、組合が危機救済の方針を出すようにもっていった。

毎日労組は徹底的に強く出た。給与、ボーナス、労働条件など諸々の分野でテレビは無論のこと朝日や読売、中堅の新聞より劣ってきているのに、経営が悪いからといって組合側の方から妥協的な方針を出していたら、会社側は厳しい経営努力などしないでますます給与やボーナス、人員整理などの方策で甘えてくるに違いないとみたからである。

実際、毎日の経営が悪化したのは、ひとえに長年の経営側の杜撰な経営の結果なのだ。編集は良い紙面を作り評判もいいのに、販売や広告の政策がもうひとつだった。特に販売の足腰が弱体化しており部数が落ち込み、そのことが広告獲得にも影響していた。それと何より関連会社経営の失敗から回復不能な大赤字を出してきたというのが実情だった。しかし、会社との団交は、それは毎回厳しいものだった。会社側が再建案を出さず、ただクビ切りによって赤字を減らそうとする態度しかみせなかったからだ。組合も会社の存亡に関わるだけにあくまでも再建案を出すように要求した。団交の最中に大住委員長が業を煮やし、社長を「平岡」と呼び捨てにする場面もあったほどだ。さすがにこの時は平岡社長も「社長を呼び捨てにするとは何事か」と、団交の途中で席を立とうとしたが、大住氏は「社長らしいことを全くやらず、再建案を出せないようでは『社長』と呼ぶわけにはいかない」と突っ撥ねた。他の役員たちはオロオロと黙ったままだった。

こうした激しいやり取りを何度も続けて労使で再建の合意書を作りあげたのである。

ストで夕刊の二、三版を止める

毎日新聞の決算の数字は酷いものだった。七六年十一月決算時で一八〇億六九〇〇万円の累積赤字があり、七七年上期欠損は四四億四〇〇〇万円。七七年八月の累積赤字は二二七億二三〇〇万円と予測されていた。さらに総借入額が七一二億円に達していた。毎日の資本金は十八億円、儲かった時の黒字が一億四〇〇〇万円程度だったから累積赤字を消すにも二〇〇年ぐらいかかる計算だった。

私が組合に出向した頃、毎日新聞には五、六〇社の関連会社があった。それらは表面上一応黒字を出しているように見えたが、実情は毎日本社からの支援金で赤字を垂れ流していたのだ。そんなにしてまで関連会社を生き長らえさせたのは、毎日ＯＢの天下り先として確保しておきたかったからだった。このため一見、管理子会社は黒字に見えたが、ＯＢ役員が自分達の天下り先を確保するため毎日本社からカネを引っ張りだすだけで、子会社としては何ら稼ぐ工夫をしていなかったのが実情だった。本社が貸し付けた資金の元本・利子が戻らないばかりか、関連倒産を防ぐため更なる運転資金を貸し付けていたのである。関連企業の方では本社からカネを借りるため接待攻勢を続け延命を図っていたのだ。これでは穴のあいたバケツに水を注いでいるようなもので、バケツだけでなく本体にも大穴が開いてきたということだった。しかし経営陣は自分の居場所を確保するために天下りし、せっせと本社からのカネを引き出すことだけに力を入れていたのである。これではいずれ本社も経営危機に陥るのは当然だった。

毎日労組はこうした経営実態を暴き、不要な関連会社を処分し天下りも中止するよう要求した。また社員のヤル気を引き出すため給与、ボーナスをアップし、人員整理をやめるよう団体交渉で追及した。これを実現するため何度もストライキを実行した。ある時のストライキでは、要求を呑まなければ本当に新聞を止める（発行停止）ぞと迫り、時間内に回答しない時は本気で新聞発行を止める挙に出た。

この時は夕刊の二版、三版を本当に止めた。二版は関東の茨城、群馬などに送る新聞で、汽車やトラック輸送などがあるため締切時間は午前十時半、十一時過ぎなどになっていた。都内版の四版はすぐ販売店に持っていけるのでギリギリ午後一時位までは余裕があった。

新聞社が自ら発行を止める行為は自殺行為ともいえた。しかし会社側の煮え切らない決断をしない姿勢に業を煮やし、組合側はまず二版の新聞印刷を止める指令を出したのだ。この時は会社側も組合側も初めての経験なので、どちらも緊張し締切時間が迫ってくると緊張は極限に達する思いだった。しかし組合側は二版の発行を停止するよう組合員に指示を出し、次いで三版も停止に踏み切った。これで四版も止めると、毎日新聞史上初めて夕刊の新聞発行をストライキで止めることになる。時間が刻々と迫る中で、ついに会社側は要求を呑んで降りた。直ちに組合は四版の印刷開始の指示を出し、発行の全面停止は、免れたのである。ただその後の処理が大変で遅く刷り上がった新聞を二版、三版の販売店に送り、時間が遅れても配達してくれるように組合からも依頼した。その甲斐もあって二、三版地域の配達は遅れたが全戸配達ができたのである。夕刊発行の停止という事態は辛くも逃れることができた。

また運も味方してくれた。というのは、その日は悪天候で、どこの新聞社も夕刊の輸送が遅れ、決められた時間に配送が出来なくなり、大幅に遅れたのだ。結果として二版、三版地域でストを決行した「毎日」と同様に、他社の夕刊が届いたのは「毎日」と同じ時間帯になったということを後になって知ったのである。

こうした赤字経営をしのぐために、会社側は当時八〇〇〇人近くいた総従業員の賃金、ボーナスの実質切り下げを図り、一方で資産の売却という場当たり策でやり過ごしてきた。当然ながら先の見えない経営状態の中で運転資金は常に不足し銀行も赤字につながる資金貸し出しを拒否してくるため、経営陣は人件費削減と人員整理にのみ目を奪われ、結果として団体交渉はいつも険悪な有様となった。業界一～二位だった賃金はあっという間に朝日の三分の二ぐらいに減り、期末手当は当時、景気の良かった証券会社の女子社員より低くなったこともあった。

資金繰りも危機状態

さらに驚いたのは、資金日計表の実態だった。組合側は、会社の数字をそのまま信用することはできないと追及し、月次の資金繰り収支の生の数字を出すことを要求したのだ。すると月末から月初は購読料金や広告収入が入るので黒字になっているものの、月中は○月×日は一億円の赤字、△月××日は五〇〇〇万円の赤字などとなっていたのだ。仮にその日に支払いができなければ、直ちに不渡りとなり倒産になってしまう。

このため組合側は「この○月×日の資金繰りはどうするのか」などと一つ一つ問い質す場面が何度となくあった。すると会社側は「この○月×日までに△△株を売却する話ができているので何とか乗り切れる」とまさに綱渡り状況の回答をする始末だった。また「期末ボーナスの支給日を二〜三日ずらして欲しい」などと臆面もなく組合に下駄を預けてくることさえあった。

私は組合の経営調査委員長であると同時に経済部の部員でもあったので、「毎日」のメインバンクだった三和、三菱銀行の「毎日」担当役員の所へよく顔を出して毎日新聞の実態をどうみているか、危機に陥った時にどうするつもりなのかについて方針を質しに行っていた。興味深かったのは両行の違いだった。三和は世間の動向を気にしており、毎日をつぶすなという声が強い時は「いつまでも面倒をみる」ような口ぶりだったが、全国紙は二紙あればいいんじゃないかという風潮になると資金面から融資を続けたほうがいいのかどうか迷う雰囲気を匂わせた。その点、三菱は「日本に全国紙がいくつあれば世の中としては落ち着くのか」と問い、資金面より日本における全国紙の役割という本質から毎日の将来を考えている感じだった。このため、三和の姿勢は世間の動きによって変わる所があったが、三菱は様々な人に全国紙の役割を聞いて判断したような口ぶりだった。銀行によってかなり方針が異なるものだなとその時に感じた。そして毎日は日本で一番歴史のある全国紙だけにそう簡単に潰す、潰さないの判断はできないし、毎日を潰すとなるとメインバンクにも相当な返り血を浴びることになると感じていることも知った。もし毎日を潰したら世間の動きによっては、頭取の責任問題にまで発展しかねないと感じているようだった。

私はこの両行の担当役員の話から、世間の動きで判断するのではなく、全国紙のあり方から判断しようとする三菱の動きに注意した方が良いと思った。実際、両行をみていて感じたのは三和の方針は世間の動向によって揺れるが、三菱は非常にきついことを言っても毎日は残すべきだと判断するとその後はほとんどぶれなかったのである。

銀行の担当役員宅へ夜討ち

そこで私は三菱の担当常務だった伊夫伎一雄本店長の所へ時間がある時は何度も話し合いに行った。伊夫伎氏は静かな心根の良さそうな人だったし、組合役員である私の素性もわかった上で、よく話を聞いてくれた。ある時、伊夫伎氏を訪ねて三菱本店に行き、課長に本店長と会わせて欲しいと出かけたところ、いつも取次いでくれていた課長も伊夫伎氏も席を外していた。仕方がないので、銀行の下にある喫茶店で時間をつぶしていたら、柱の陰になって見えなかった数メートル先の席で二人がお茶を飲んでいる姿が目につき、突然「嶌という人物が…」と私の名前を口に出した課長の声が聞こえた。「彼は毎日の経済部の人物なんですが、経済部といいながら常務に会いに来るのは組合の幹部として三菱の出方を聞きに来ているみたいです。今後も来た時に部屋に通していいんですか」という声が聞こえてきた。「そうか、自分は組合のスパイのように思われているのか」と、プライドを傷つけられ、なぜか淋しい思いと記者としての地位を貶めているような感覚にとらわれ恥ずかしくもあった。すると伊夫伎氏は

「いやわかっているよ。でも率直に話し合えるし、彼も何とか毎日を救いたいと思っているんだから通しても構わないよ。それにたまに夜、我が家にも訪ねてくるしね」

となだめる声が聞こえてきた。私はそれを聞いて、出てゆくわけにはいかず、逆に胸がホッとして熱くなるような感じがしたものだ。

三菱の考えを知ってから私は伊夫伎氏ら三菱の幹部が会いそうな財界人や経営者には「日本には大手全国紙が最低三つあったほうがいいですよ。二つの新聞の意見が違い国論が割れたりした場合、三紙あった方が判断も間違いにくいですからね」と説いてまわり、三菱にも伝わるように心掛けた。

それと同時に、組合執行部としては毎日の経営者や銀行だけと話し合っても毎日を救えないと考え、そろそろ街にでて「毎日を潰すな」というキャンペーン運動を行なう必要があるなと感じていた。そこで日曜日などの歩行者天国でビラを配ったり、他社に行って救済キャンペーンに賛同してくれるよう頼んだ。私が共同通信の編集局へ一人で行き共同の社員の前で訴えたのもその一環だった。共同の編集局の中には知った顔の記者らもおり、何事かという顔で見つめられた。

また労組として「毎日を支援する会」を立ち上げようと総評（当時）にも行き槙枝議長に支援する会の議長になってもらった。と同時に三和、三菱にもデモをかけ「毎日を潰すな」というビラを配った。硬軟両面から運動を立ち上げ、組合としては毎日を潰すと社会が騒然となるような仕掛けを作る方策だったのである。こうした外の動きに毎日経営者も敏感になり、毎日存続の具体的方策や段取りも進んでいった。

毎日の経営側との話し合いは、こうした仕掛けが出来て進んでいった。毎日新聞社と毎日新聞労働組合が毎日新聞再建に向けてようやく「合意書」を交わし、再建の原則、基本路線、骨格を決めたのである。

新社構想で危機をしのぐ

まず毎日新聞を旧社と新社に分離し、旧社に負債を全部移し、返済を主務とする。負債から離れた新社は資本金を四十億円で絶対に赤字を出さないこととし、新社が新聞製作、販売に専念する。資本金の調達にあたっては財界企業の出資を仰ぐが、企業の出資額は一社一億円と上限を設け資本金総額の過半数は毎日社員と毎日系関連会社で保持し編集権の独立を守る。その上で毎日新聞の新しい理念を示した「毎日新聞編集綱領」を作った。この編集綱領を巡って会社側と激しい議論の末、合意した。さらに毎日新聞社員の首切りは絶対に認めないが、自発的に退職したい人がいたらムリに止めることはしない。ただ退職する人には退職金の割増を出す。その割増し退職金の原資は両メインバンクに保証してもらう――などの内容だった。この割増退職金の出資に関しては直接メインバンクに出向いたり夜討ち朝駆けのつもりで銀行担当役員宅を訪ねたりした。伊夫伎一雄本店長は後に頭取、会長となったが銀行側の考える筋道や時に人生論なども聞き、人間同士の話し合いとしても忘れ難い人物だった。

毎日再建闘争の主役は大住広人委員長だった。腹が座っておりケンカ上手で、時に毎日役員を怒鳴り上げることもあった。毎日を潰してはならないと情熱がほとばしるケンカだったので会社側もしばし黙り込んでしまうほどだった。一方で、組合大会で組合員の中から方針について細かい質問やケチをつけるような発言があると「会社が生きるか死ぬかという勝負をしている時に自分達の腕の一本や二本ぐらい折れる覚悟はいるだろう」と組合員を黙らせた。この大住氏を支えていたのが活版職場出身の福島清書記長で冷静さをいつも失わない人格者だった。このコンビと石上氏の物事を考え抜き動じない人柄も組合にとっては極めて重要な役割を果たしていた。私は経営調査の仕事が主だったが、教宣部長としてタブロイド判四〜八ページの組合報「われら」の原稿を書き、週に二回以上発行し続け、約二年弱にわたりほとんど土・日も出勤した。また毎日問題を知ってもらおうと「毎日がたいへん」という数十ページの小冊子も作って、支援組織に配って理解を求めた。その時活版を組んで一緒に汗を流してくれたのは福島氏だった。また、毎日再建の理念的柱となったのは大阪本社編集の藤田修二氏が血のにじむような努力で作った「毎日新聞編集綱領」の作成だった。この綱領は今でも毎日新聞の宝だと思う。

こうした組合と会社側の激しい論争、対立と運動の結果、最終的に再建計画の「合意書」作りで会社と組合は合意に達し、二年弱にわたる組合活動を終えた。一年間の任期だったが、途中でメンバーを交代する時間と余裕がないほど激しく、緊張する日々だった。結局、二年弱にわたって同一メンバーが活動を続け、ようやく決着した「毎日闘争」だった。精魂疲れ果てた組合活動だったが、倒産を免れたことと、その中で組合の理念を曲げず運動を貫き通したことが誇りとなった。全てが決着した時、組合総会で拍手され労を労われた時には思わず涙が出そうになった感情が今でも思い出される。

団交が二年続いた組合の日々

毎日再建闘争を終えた四〇年後に福島清氏は「夢を追いかけた男たち―毎日再建闘争から四〇年―」と題するA四版一七〇ページに及ぶ再建闘争の記録と当時執行部にいた男たちの思い出の記を集め編集してくれた。今、読み直しても鮮やかに記憶がよみがえってくる。

私は一九六七年に入社して一九八七年に管理職への辞令が出た。しかし、管理職への道には、全く興味を持てず、自分は〝書く人間〟〝書き手〟あくまでも記者として生きていこうと決意し、退職してフリーとして生きてゆく決断をした。毎日新聞には二〇年いたが、うち四年間は秋田支局、四年弱をワシントン特派員、二年弱を組合で過ごした。組合で活動していた二年弱の時代は、私の記者生活の中でも会社の危機存亡に揺れた時代だっただけに強烈な印象が残る日々だった。

それにしても学生時代の授業料値上げ反対闘争や大学改革闘争などのほかベトナム反戦運動等々の学生運動の経験が、組合運動にも生きてきた体験は大きかった。結局、運動というのはきちんとした理論を構築した上でクラス討論、職場討議を積み重ね、それを学生大会、組合大会においてストを議決。その力をバックに大学当局や経営側と団体交渉をして要求を勝ち取っていくパターンはほぼ一緒だということなのだ。そして学生運動で覚え、経験した組織の動かし方、人を惹きつける演説、いくつかの戦術などもよく似ている。多分、そのことは大衆運動一般にも通ずることのように思える。今考えると大事なことは、参加する一般学生、組合員の気持ちをすくい上げて運動のエネルギーに変えていくコツをいち早く直感でつかみ、大衆的感性を身につけて、訴えていくことではないかという気がする。

第四章 アメリカ特派員生活へ

一・ヘレンケラー三銃士

私は組合専従から経済部へ戻り、二年ぶりに日常的な取材、記者活動に帰ったが、五年後の一九八二年にワシントン特派員を命じられた。

私のワシントン行きは、ある意味で偶然だった。過去の例からいうと、もう少し年上で英語が堪能な記者が選ばれるのが普通だった。ただ、当時の編集局長だった故・西和夫氏が「若くて元気のよい記者を送り出せ」と方針を変えたため、急遽三人の若手に白羽の矢が当たったのである。これまでの特派員はどちらかというと、アメリカのワシントンポスト、ニューヨークタイムズなどに掲載される日米関係の記事を翻訳して送稿することが主要な役割とみなされていた。したがって夜の十時過ぎになるとワシントンポスト紙などが刷り上がって販売されるので、夜中にアメリカの新聞を手に入れて日本関係や大きな事件ニュースなどを翻訳して東京へ送ると、時差の関係で日本の新聞の朝刊や夕刊に十分間に合った。いわば現場取材をしなくとも、ポスト紙などを手に入れたり、夜のテレビ、ラジオニュースなどを聞いて原稿を送れば用が足りたのである。夜中になると、近くのワシントンホテルなどにワシントンポスト紙が届けられたので、それを買って支局に戻り日本関連の記事や大ニュースを探せば事は足りたのだ。ただしワシントンポスト紙などがホテルに届く夜中まで待たなければならなかったので、帰宅はいつも深夜近くになった。時差のおかげで原稿は書きやすかったが、夜遅くまで支局にいなければならなかったのが泣き所だった。

しかし、一九七〇年代に入ると日米の貿易摩擦が激しくなり日米間の緊張がだんだん大きなニュースになり始めていた。そんな背景の変化もあって、とにかく動きまわって取材をする人物を特派員に出そうと雰囲気が変わってきていたのだ。そこで編集局トップの西編集局長は、支局長を除く三人の支局員はなるべく若くて翻訳でなく取材する人間を出せと

左から中島健一郎氏、嶌、岸井成格氏

いうことにしたのだ。こうして社会部から中島健一郎、政治部から岸井成格、経済部から嶌信彦の三人に白羽の矢が立ち、一挙に三人が変わったのである。

私と岸井は一九六七年入社の同期で慶應卒、東大卒の中島は一年下の六八年入社で高校（都立日比谷高）の後輩だったのでお互いに顔見知りだった。ただ、三人とも決して英語ができるわけではなかったので、当時の北畠ワシントン支局長は「英語ができない連中が三人一緒に代わるのは困るなあ」と懸念の声をあげていたようだ。実際、同僚たちも「英語が不得意な三人が同時に赴任して大丈夫なのか」とからかいに来たし、口の悪い連中は「英語を聞けない、喋れない、書けない」じゃ、まるで〝ヘレンケラー三銃士〟だなとおちょくっていた。本物のヘレンケラーは一歳半の時に聴覚と視覚を失い、喋ることも出来ない三重苦の中で生きてきた後、自分の生涯は障害者のためにささげようと努力してきた女性だが、私達は三重苦のところだけ、ヘレンケラー女史並みだな、とからかわれたのである。そんな風にして送り出されたので、三人は「とにかく一致協力して取材にあたろう」と約束し合ったものだ。そんなこともあって、毎日のワシントン支局はチームワークが良く、居心地もいいらしい、と他社の支局からも一目置かれるようになり、夕方になると他社の支局員がよく遊びに来たりした。そんなわけで三人の赴任前は懸念していた北畠支局長やその後を継いだ近藤支局長も居心地がよくチームワークのとれた支局の雰囲気にすっかりご機嫌の様子だった。

しかし、そうは言ってもやはり英語には苦労した。できるだけワシントンポストなどを読んで事前に問題点などを把握するようにしたり、会見などでは必ずテープレコーダーを持っていき、聞き取りにくかったところは何度もテープを回して理解に努めた。それでもわかりにくい時は、支局にアルバイトできていた女子大生のメアリー・トビンに聞いてもらい紙に書き下ろしてもらった。紙に書いてもらうのを読むのは楽だったからだ。

公聴会討論を議会から電話送稿

困ったのは、朝の議会公聴会の討論だった。日米摩擦問題でよく議員と政府のやり取りがあり「日本の洪水的輸出に対しては規制を求めるべきだ」「日本の自動車輸出には日本政府の補助的支援があるのではないか」などと議員が質問し、攻撃するのだ。すると「○○○議員、日本に輸出抑制を要求」といった原稿を書かなければならなくなる。しかも午前十時というと日本時間の夜中の零時頃になり、朝刊の締切時間間際になるのでゆっくり原稿を書く余裕もないし、日本人記者同士で確認し合う時間がない場合が多い。アメリカ政府や議員が日本に輸出規制を求めるといった内容は、朝刊の一面トップ級の記事となるので記事にする場合は正確を期さなければならず厄介なのである。

そうしたやり取りがあると、討論を最後まで聞いていたのでは日本の新聞の締切時間に間に合わなくなるので、趣旨がほぼわかったところで、議場を飛び出し議会の二階や三階にある公衆電話を探し、東京本社のデスクを呼び出すことになる。当時はまだ携帯電話がなかったのだ。

「もしもし、いま議会の公聴会で日本の自動車の輸入規制をせよという提案が議員から出ているのでその原稿を送りますからよろしく処理してください」

「それは法案として出ているの？アメリカ政府はそれに対しどんな態度をとると言ってるの？」

「いやー、まだ討論中なので結論はわかりませんが、有力議員が輸入規制を求めているとなると後々まで尾を引くのでとにかく現段階の原稿を送りますから…。結論が出たら夕刊回しで続報を送りますので、とにかく時間がないので原稿を書き取って下さい。今から電話で勧進帳で送るのでよろしく」

大体こんなことを言って、頭の中で原稿を構成し、口に出して原稿を作りつつ読み上げ、東京で速記にとってもらうのである。それが朝刊の一面トップや二番手位の大きさの記事となって翌朝の新聞に出るのだから、送る方としても冷や汗ものなのだ。もし議場のやり取りを聞き間違えたり、誤解して送ったりすると一面で誤報を出してしまうことになる。しかし時間がない時は確認のしようがないので、とにかく送稿に全力を尽くすしかないわけである。

一応、締切時間に間に合うように送ると一段落してホッとするのだが、送り終えた後になると今度は、今の原稿で間違いがなかったかどうか、急に心配になってくる。しかし見切り発車に賭けて原稿を送ったので腹をくくるしかない。もし間違っていたら夕刊でなんとか辻褄を合わせようと思い、送稿後にワシントンの日本大使館に電話して確認することが多かった。

「今日の議会公聴会のやり取りで輸入規制を主張していたようなので、その趣旨の原稿を送ったんだけどそれでいいんだよね」

日本大使館の担当者も本省に議会の様子を電報で報告しなければならないので、やはり公聴会を聞いているから、大使館の人間に確認を取るのが一番いいのである。

「ええ、大体そんなところでいいんじゃないですか」と大使館担当者。

「いやー、大体じゃ困るんだ。間違っていたらすぐに訂正を出さなきゃならないから、そちらで聞いた正確なところを教えてよ」

「大丈夫だと思います。輸入規制の件が一番のミソですから原稿は間違ってないと思いますよ」

大使館とのやり取りで、こんな回答を得てようやく安心してひと息つくという案配だ。議会の公聴会や質疑は毎日あり、当時は日米摩擦が大きな問題になっていたので、自動車や鉄鋼、電子機器などの輸出入問題で毎日のように一面トップ級の話題が出ていたものだ。何がアメリカ側の不満で、対日本への要求は具体的に何なのか、については、連日ワシントンポスト紙などに細かく出ていたし、在米日本大使館の説明会があったりしたので、取材と内容把握はそう難しくはなかった。

ただ、議会のやり取りに出てくる日米摩擦原稿を書いているだけでは、アメリカ人の本音が見えてこない。そこで支局員が全米に散らばって取材に行き、現場の生の声や実情を聞いてまわって紙面化したほうがいいのではないかという話になった。そのため、アメリカの国会議員にアンケート調査を行なった上で、摩擦の現場である自動車の街や農業地帯、消費者の声などを聞いてまわることにしたのである。

二・草の根摩擦を探りに地方へ　米国・フリント市に協力

米議員のアンケート調査は、ワシントンの米議員の事務所を訪れ、趣旨を説明し、四、五日以内に回答をしてくれるよう求めた。こうした要請には、どの議員も親切で嫌がらずにアンケートを受け取ってくれた。議員事務所をまわってみて感じたことは、アメリカの議員の多くは市民の声を聞くことに熱心だなという印象だった。

アメリカ議員約五〇人の意見は、ひと口でいうと「日本はアメリカの安全保障にタダ乗りしながら政・官・財一体の〝日本株式会社〟が依然、輸出を奨励しつつ農産物などの輸入には障壁を設けて国際秩序を乱している」という声が多く「日本市場でアメリカ製品をもっと公正に競争させるべきだ」「アメリカが市場を開放しているように日本ももっと開放すべきで、それが相互主義だ」という意見が多かったことだ。アメリカの輸入規制や日本の輸出抑制によって不均衡を是正せよとする意見はごくわずかで、あくまでも輸入障壁の除去やアメリカの輸出競争力の強化など、貿易拡大路線の中で解決をはかるべきだと考える人が多く、アメリカの健全化を伺わせたことが救いだった。私達はこんなアンケート結果をもって、アメリカ各地に飛んだのである。

私は自動車摩擦の現場を取材するため、八二年五月にまず自動車の街・デトロイトに近いミシガン州のフリント市を訪れた。きっかけはフリント市の市長・ラザフォード氏から、突然ワシントン支局に電話があり、「当市に取材に来て欲しい。このままだとフリントも自動車では食べていけないかもしれない。そこで代表団数人で日本を訪れ、日本企業の誘致をしたいと考えている。ぜひ現地を見て日本訪問を応援し、企業誘致を日本の人々に呼び掛けて欲しい」という要請だった。なぜ毎日のワシントン支局に要請があったのか定かでなかったが、フリントといえばGM（ゼネラルモーターズ）の発祥の街でアメリカ人なら誰でも知っている都市である。日本でいうならトヨタ自動車の本拠地である豊田市のような存在だ。

デトロイトやフリントでは、失業者があふれ、日本人と間違えて中国人が襲われたといったニュースも出ていた。それだけに何となく気おくれする気持ちもあったがGMの本拠地の窮状の様子を見ておくことは良い経験になると思い、訪問することにした。と同時にアメリカ中が日本製品の輸出で対日批判が強まっていたので、フリントだけでなく中西部の農業地帯や景気が良いといわれる西海岸など大都市の実情も岸井、中島でまわることになり、「草の根の日米摩擦」といったタイトルで連載をしようということになった。

デトロイトに着くとレンタカーを借りて一時間ばかりかかるフリントに向かった。GMの街なのでレンタカーもＧＭの車を選んだ。そのほうが相手も喜ぶだろうと一応忖度したのである。最初に訪問したのは、当時対日批判の先頭に立っているといわれた全米自動車労組（ＵＡＷ）の本部だった。全米自動車労組は、「日本の自動車メーカーは、日本政府の補助金をもらったり、アメリカ車の輸入規制をするなど不公正な競争でアメリカ自動車業界を攻め立てている」という主張だった。労組側の言い分は、かなり昔の話で八〇年代当時はむしろ日本側が自主的に輸出規制をしたり、アメリカ側と自動車の共同生産を計画したりしていた。

労組の指導者たちが批判してきたら最近の日本の対応を説明し、もはや不公正な貿易などはしていないし、むしろアメリカに気を遣っている実情などを細かく述べて反論しようと気構えた。

全米自動車労組の本部へ

ただ自動車労組本部の駐車場に車を入れて周囲を見渡すと、驚いたことに日本車が何台も目についた。〝これはどういうことなんだろう〟と不思議な思いにとらわれた。もしトヨタの工場を訪れたら日産やホンダの車を駐車していることはまずあり得ないと思い、労組組合事務所に入ってから挨拶した後、まず私の疑問をぶつけた。

「いま、裏の駐車場に私が借りてきたＧＭのレンタカーを停めたら、周囲に随分日本車があるのでびっくりしたんですが、日米自動車摩擦で日本の自動車政策や日本車を批判していると思っていたのに、その批判の中心になっているＵＡＷに日本車が何台も置いてあるのを見てちょっと驚きましたよ」と率直に疑問を述べたてた。すると労組の委員長は

「いやー、私らはいい車だったら誰でも自由に買いますよ。日米自動車摩擦で私らが問題にしているのは、車の良し悪しではなく日米貿易で日本側が自動車業界に補助金を出したり、アメリカ車の輸入規制をしているんじゃないかと考えているからですよ」という。「いい車だったら買うし、労組が日本車を買うな、などといった圧力をかけることはあり得ませんよ」と断言したのである。確かに自動車の労働組合の総本山である駐車場に日本車が並んでいることを見ても労組側の言い分は納得できた。と同時に、張り詰めた気分で労組幹部たちに会いに来たのに何か急に緊張がとけた気分がしたものだ。またアメリカ人やアメリカという国の懐の広さを感じたりした。

労働組合との話し合いが終わった後、フリント市の実情を見るため、ＧＭの閉鎖した工場などを見て回り、街の中も観察した。すると空き家が沢山あることに気が付いた。自動車工場をレイオフ（解雇）されて景気の良い他の地域に移った人たちの家だった。

「家を売ってどこへ行ったんですか」

「みんなレイオフされているから家なんか買ってくれる人はいないよ。そのまま家を捨てて西海岸のロサンゼルス、シアトル、サンフランシスコなど景気の良い街に引っ越す人が多いね」という。南部のフロリダなどへ行く家族も多いということだった。土地にあまり執着せず、とにかく食べられる街へ移動するという行動パターンは日本とは違い、いかにもアメリカらしいと感じたものだ。

街をあちこちみて回った後、訪問の呼びかけをしてくれたフリント市のラザフォード市長のところへ会いに出かけた。

三．GMの本拠地は空き家だらけ

「ありがとう、よく来てくれました」と市長はいいながら握手を求めてきた。小太りの人の良さそうな市長だった。

「街を見てわかる通り住民もどんどん街を去り始めている。この街を復活するには自動車だけではムリだと考えている。そこで街の有力者や有志と話し合った結果、いま景気の良い日本の企業を誘致して生き残りを図ろうという意見でまとまった。このため、街の代表数人を市長と共に日本に派遣して企業誘致の呼びかけをやろうということになった。街の人から寄付を募集してそのお金で東京や名古屋、大阪などの大都市をまわり企業に集まってもらい誘致をお願いしたいと思っているわけです。ぜひその事を日本のメディアで発信してもらいたいんですよ」

市長の話の内容はわかったが、果たしてそんなにトントン拍子に話が進むのかというのが第一印象だった。

「フリント市といっても日本人はほとんど知らないだろうし、日米経済摩擦の現地に乗り込んで誘致に応ずるという日本企業を見つけるのは大変だと思いますよ」と意見を述べたが、市長は「いろいろ議論して結論を出したので、とにかく一ヵ月以内に代表団を出すことにし、寄付ものっているので、何とか協力して欲しい」と真剣そのものだった。そこで私はフリント市がGMの拠点であり、大統領選挙の時などには必ず訪問する街であることや、いまや伝統の街が日本企業の誘致を求めていることなどを軸に街のルポを掲載するよう努力することを約束した。その旨を東京に伝え、GMの街の窮状と要望を書くので一面に大きく載せて欲しいと電話した。

四・フリント市民の前で演説をするハメに

ラザフォード市長の要請は、原稿掲載の依頼だけではなかった。

「ミスター・シマ、今晩フリント市で東京へ代表団を送る集会があり、そこで市民に寄付を頼むことになっている。ついては今晩の集会であなたも日米関係と東京行きの応援演説をしてくれないか」と突然依頼してきたのだ。二、三百人は来ると思うので何とか盛り上げて欲しいという。もともと英語は不得手なのに二、三百人を相手に演説をして欲しいというのだから参った。しかし、乗りかかった船だし、ここで断るのも男の恥だと思い「英語は下手くそでうまく話せるかどうかわかりませんがそれでもいいんですか?」と言うと、「構わない、構わない、サンキュー、サンキュー」と言われ、全く自信のないまま聴衆の前に立った。ただ通り一編の事を言っても聴衆の胸を打たないだろうから、英語は下手でもゆっくりと印象深い話をしようと心に決めて演壇に立った。

「いまアメリカの自動車業界は車が売れなくて困っていると聞きました。しかし第二次大戦直後の私の小学校時代はまだ日本の車生産は始まったばかりで、日本で走っている自動車はほとんどがアメリカの大型車でした。みんなアメリカ車に乗ってみたいと憧れたものでした。だから私はアメリカにきてから、小さい頃に夢見ていたGMの八〇〇〇CCのビュイックの相当古い中古車を千五百ドルほどで買って乗っています。日本では殆どの人が２０００cc以下の中・小型車にのっています」

そう言った途端、全会場に笑い声が響き、大きな拍手が起きた。

「一九五〇年代初め、日本も乗用車を作り始めましたが、アメリカの自動車会社は〝日本は一体どんな車を作ったのか〟と興味をもって日本の自動車を購入し分解して調べたそうです。ところがアメリカ側からみると日本の車はまるでお話にならないほど性能が悪く、小さくてオモチャみたいだ。これならアメリカの車に日本が追いつくには二〇〜三〇年はかかるだろうと言われたものです」（ここでまた大きな笑い声）。

「しかし日本も一九六〇年代から高度成長時代に入り、車とテレビを持つことが家庭の夢になりました。このため日本の自動車会社十社ぐらいと家電メーカー数社はしのぎを削って競争に励みました。特に車に関しては日本の道路が狭いことや石油は輸入に頼っていましたから、小型車（三六〇cc〜六六〇cc）で燃費の良い車の開発に各社が力を入れ競争しました。そのうち中東戦争などで原油価格が大幅に値上がりしたこともあって日本の小型車は急速に人気となり、輸出の目玉となっていったのです。日本の小型車戦略が時代にマッチしてぐんぐん売れました。多分、アメリカは再び大型車の時代が来ると考え小型車開発にあまり熱心でなく、競争に出遅れたのだと思います。

産業の歴史を見ると、戦略が当たる時と外れる時が必ずあります。日本はいま原油価格の高騰や日本の道路事情もあって小型車戦略が当たっています。しかし原油価格が再び安くなればまた大型車時代がやってくるでしょう。日本車とアメリカ車がぶつかると、ちょっと当たっただけでボディの板が薄い日本車はすぐへこんでしまいますが、アメリカ車はビクともしません。日本人も条件が揃ったらアメリカの大型車に乗りたいのです。だから私はアメリカであえて大型車の中古を買い、夏休みなどにアメリカ中を家族で旅行しています。実は、日本にいる友人に自分は今GMの八〇〇〇CCの車に乗っているんだと言うと、皆〝えぇっ〟と驚き、〝そんなデカイ車に乗っているの？私もそんな自動車ライフを楽しみたいよ〟と口をそろえます。皆さんがもう少し効率の良い中型車やVANを開発したらまたアメ車の時代が来ると思いますよ。どうか日本の道路事情などをもう少し研究して日本人も楽しめる車をどんどん作って下さい。競争に勝つには、まず敵の事情を知ることです。」と言ったら、何と拍手まで起こったので、すっかりいい気分になった。ラザフォード市長に講演後「私の英語で皆さんわかったかな」と、感想を聞いたら、「よくわかったし、印象的でハートのこもった話だった」とほめてくれた。一応役割は果たせたようだった。

カラオケ市長で売り込むよう説得

ついでに「フリント市といっても日本ではほとんどの人が知らないでしょうから、代表団が行ったらまずフリントの宣伝をして下さい。自動車の街だが緑が多く、ゴルフ場も近くに沢山ある。それこそ十ドル位でできるし、すいているから三時間もあれば一ラウンドは簡単に回れると言ったら日本人は驚くはずです。日本は今ゴルフブームですが、ゴルフ場まで車で一〜二時間かかります。一ラウンド行なうのに数時間はかかり、朝早く出て夕方帰宅するというのが東京や都会のゴルフ遊びでしかも、ゴルフのプレー代金は一人五〇〇ドル以上はゆうにかかるんです。だからフリントに工場を作れば毎朝会社へ行く前にゴルフを楽しめますよ、と言えば印象はグッと良くなるはずです」

実際、私が住んでいたワシントンD・Cで朝七時前からゴルフを行なえば、いつも空いていたし、友人と二〜三人で回っても二〜三時間で終わったものだ。東京の友人に会員権は十〜二〇ドル位で、一ラウンドの料金は二〜三ドルで回れるし、日曜日などは近くのゴルフ場をハシゴして二ラウンドぐらいは十分に回れると言うとみんなタメ息をついていた。私はワシントンから帰る時期が決まった頃、一日に四ラウンド回ったこともあった。また毎月二〜三回は記者仲間やワシントン詰めの会社員、大使館員などとコンペを行なったりしたものだ。まさにゴルフ天国だった。

私はラザフォード市長の話を聞いて、何とか訪日を成功させてあげたいと思い、気がついたいくつかのアイデアを伝えるとともに、東京の友人たちにも協力の依頼のため電話をしたりした。東京の通産省（現経済産業省）の友人に電話をし「日米摩擦緩和のためと思って東京、大阪、名古屋あたりの三会場で二〜三〇〇人集まる講演会を準備することと、日本企業の工場見学を用意してあげてもらえないか」と頼んだ。

と同時にラザフォード市長は「日本の通産大臣にも面会して依頼したい」とムリを言ってきた。普通、日本の大臣クラスは、同じ大臣クラスなら会うが名の知れていない市長に面談するということはあまりない。しかも当時の通産相は大物でウルサ型の山中貞則氏だったので、官庁から頼んでも難しいかな、と考え、ご本人とはそれほど面識はなかったが、直接アメリカから山中氏に電話した。

「大臣が市長に会うというのはあまり例がないと思いますが、アメリカの自動車業界で苦しんでいるGM発祥の街、フリント市の市長とUAWの代表団が〝ぜひ会いたい〟と言っているので、日米摩擦解消に役立つと考えひと肌脱いでもらえませんか」と話すと、「あっいいよ」とあっけないほど簡単にOKしてくれたのである。勿体つけず即断即決するところは山中氏らしいな、と思ったものだ。

ラザフォード市長には、もう一つの知恵を授けた。このまま日本へ行ってもなかなか話題になりにくいだろうから「いま日本はカラオケブームなので何か歌を覚えて披露するとよい」とアドバイスしたのだ。どんな歌がいいんだと聞かれたが、私もそんなに知っているわけではないし、簡単で日本人が誰でもすぐわかる歌がいいだろうと思い、当時流行っていた簡単なメロディの「バラが咲いた」を思いついて教えた。そして私が出る夜の集会の時に聴衆の前で練習と思って歌うと良いと言い、その模様を同行してくれた中京テレビの吉澤氏に撮影してもらった。私は、フリント市の市長が日本で「バラが咲いた」のカラオケを披露するという記事を書き、毎日新聞に〝カラオケ市長が企業誘致のため訪日〟とのコラムの掲載を頼んだ。するとその記事が結構評判を呼んだようで、いくつかのテレビ局がスタジオに来て歌って欲しいとの依頼が来たのだ。

バラが咲いた

浜口庫之助 作詞・作曲

バラが咲いた　バラが咲いた　真赤なバラが
淋しかった　ぼくの庭に　バラが咲いた
たったひとつ　咲いたバラ　小さなバラで
淋しかった　ぼくの庭が　明るくなった
バラよ　バラよ　小さなバラ　そのままで　そこに咲いてておくれ
バラが咲いた　バラが咲いた　真赤なバラで
淋しかった　ぼくの庭が　明るくなった

バラが散った　バラが散った　いつの間にか
ぼくの庭は　前のように　淋しくなった
ぼくの庭の　バラは散って　しまったけれど
淋しかった　ぼくの心に　バラが咲いた

バラよ　バラよ　心のバラ　いつまでも　ここで咲いてておくれ
バラが咲いた　バラが咲いた　ぼくの心に
いつまでも　散らない　真赤なバラが

ラザフォード市長が訪日している時、東京に電話して〝市長の訪問は成功しているか〟と尋ねたところ「カラオケ市長の訪問と日米自動車摩擦の取り合わせが面白いのでテレビ局から引っ張りダコになり、二〜三局のワイドショーに出て人気となっている。講演会はどこの会場も満員のお客さんだ」という答えが返ってきた。テレビ出演の時はわざわざ作詞、作曲をした浜口氏もスタジオに来てギターで伴奏してくれたということだった。日本訪問は成功し、数か月後に日本企業が進出の打診をしてきたと聞いた。

そんな経緯があったせいか、二、三ヵ月後に市長から支局に電話があり「お陰で日本訪問は大成功だった。ワシントンに行った時お礼をしたい」と言ってきた。そして半年後にラザフォード市長自らが支局にやってきて、何と名誉市民の賞状と記念品をくれたのである。

「あなたを名誉市民に推薦することを決めました。あなたは好きな時にいつでもフリント市に来てください。その時はこの鍵で扉を開けて入ってきて下さい」と言い、記念品として〝市の鍵〟

をプレゼントされた。

「フリント市には名誉市民の条例がなかったので、今度新しく作った。そのためにお礼にくるのが遅くなってしまった」と、市長は述べ、日本訪問で歓迎されたことを嬉しそうに語ってくれた。日本の都市では、よく名誉市民の賞状を作り、渡すケースが多い。名誉市民の賞状なら面倒はないし、記念になると思い、名誉市民の賞状でもくれればいいや、と思っていた。しかし、市長は「わが市には名誉市民の規定がないので少し待って欲しいと言っていたのだが、わざわざ条例を作り、ワシントンまで持ってきてくれたのだった。

その後もアメリカが自動車不況で困っていた時に、フリント市を訪れて閉鎖された工場などを視察させてもらった。ちょっとした出会いがその後の取材に役立ったことになり、やはり縁は大事だなと改めて感じたりした。

五・戦争直後のカラー写真二万枚

原爆で焼け野原となった広島に最初に開いた店の名前は何と「アトム書房」だった。アトム書房は原爆で破壊された原爆ドームの真下に建てられたバラック小屋の書店で、店主は学徒出陣で入った久留米第二予備士官で終戦を迎えた。原爆ドームと対抗するように建てられた「アトム書房」の店主は当時二一歳の杉本豊さん。

「これほど破壊されても、日本人はすぐ立ち上がるぞという気概を進駐軍に示したかったためだ」と語り、学生時代の蔵書一〇〇〇冊と姉の五〇〇〇冊を並べたという。書店はまもなく閉鎖、杉本さんは広島大学に復学したが、原爆の名をとった書店を直ちに開設し抗議の意を示した書店は歴史的存在になったと

嶌も収集に関わった毎日新聞「R. スチールコレクション」の「アトム書房」の写真　R. スティールコレクション／毎日新聞社

いえる。

戦争直後には、日本各地の原風景や人々の社会生活を写したカラー写真が沢山あった。当時、日本にはカラー写真を写す機器やフィルムは存在せず、日本にカラー写真が普及してきたのは昭和三〇年代に入ってからだった。このため、戦争直後の日本の写真は暗く、いかにも敗戦のイメージを彷彿とさせるものが多かった。

ところが、戦後数年間にわたり日本はアメリカGHQの統治下にあり、駐留米兵が日本各地で日本の社会生活や日本人の様々な様子をカラー写真に収めていた。それらをみると、モノクロ（白黒）でみる当時の日本社会の暗いイメージとは違って、人々の表情は明るく活気に満ちたものが多いのである。同じ情景を撮りながら、カラーと白黒ではこうも印象が違うものかと驚き、私たちは戦後の日本の社会や日本人のカラー写真の収集に乗り出した。

きっかけは、故・細田博之・元衆議院議長が見せてくれた数十枚のカラー写真だった。細田氏は戦後アメリカに短期留学した際、ワシントン・ジョージタウン街のR・スチール・パトリシア夫妻の家に下宿した。その時、細田氏はスチール夫妻が日本に駐留していた時に写した日本社会の風俗や日本人の生活を写した約一〇〇枚のカラー写真を見せてもらい、その美しさに驚嘆したという。

その美しい戦後・日本のカラー写真の印象がまだ強く残っていた一九八三年春に細田氏は再びワシントンD・Cに経済産業省から出向し、石油公団事務所長として赴任していた。そしてスチールさんに会い、当時の日本駐留兵士の中にはスチールさん同様日本社会の写真を撮った人がいるのではないかと尋ねたところ、多数の写真保存者を知っているし、全米の在郷軍人会の雑誌に広告すれば写真収集は可能だと保証してくれたのだ。そこで細田氏は終戦四〇年を期に全米から写真を集め、日米友好の写真展を企画できないかと考え、毎日新聞ワシントン支局の岸井、中島、嶌に相談を持ち込み、一緒に協力して写真収集を行うことにしたのである。私たちもカラー写真とモノクロ写真の戦後のイメージの差に驚き、直ちに収集に乗り出すことにした。

ただ、毎日本社に話を伝えると、また三人のおっちょこちょいが動き出したと見て、収集や広告の資金を出すことに難色を示した。仕方がないので支局員たちが資金を出し合い、とにかく集めようということになり、スチールさんに収集責任役を引き受けてもらいプロジェクトは動きだしたのである。すると、結果的には約一万枚の写真と、数巻の未公開フィルムが集まったのだ。

手元に来た写真は素晴らしいものだった。前述の原爆ドーム前の「アトム書房」の写真をはじめ、下駄ばきの子供たちの明るい笑顔、京都駅前を堂々と通る肥溜を乗せた荷車を引く車夫の写真、牛を使って田んぼを整える田植えの写真、モンペをたくし上げスキを使って沼地に入る健康的な少女、戦後の秋葉原電気街を通る牛車の写真、紙芝居を取り巻く子供たちの笑顔、昔懐かしいチンドン屋の行列、一杯六〇円の中華そばやライスカレー、親子丼などの写真——いずれもこれも懐かしい戦後の風景だ。子供や大人たちの着ている服は、みすぼらしいがはじけるような明るい笑顔やたくましく働く姿の写真は、どれもこれも戦争から解放されてエネルギーに満ち溢れた写真ばかりで、白黒写真の暗い戦後のイメージを吹き飛ばすようなものばかりだった。

私たちは帰国後にこれらの写真を「毎日グラフ」の沢畠毅編集長のところへ持って行き、別冊特別号を出せないかと持ち掛けたところ、たちまち「面白い」ということになり、売り出したところ、戦後の写真を懐かしがる人が次々と買い求め、初版の二〇万部があっという間に売り切れてしまった。

また写真をパネル大に引き伸ばし、新宿の京王百貨店で展示会を行なったところ、これも大評判になった。これに味をしめて京都の大丸や他の百貨店にも展示会を呼び掛けて大成功を収めた。さらにスーパーのイオンの友人に企画を持ち込んだら「全国のスーパーで巡回展をやりたい」と話がふくらみ、これも多くの人を集めた。

写真展の成功や毎日グラフ特集がベストセラーになったおかげで、私たちが写真収集のために出したアメリカ在郷軍人会への広告費やスチール夫妻に出した謝礼金などは全て元を取り返した。それればかりでなく、スチール夫妻が責任者となってアメリカで写真を収集したお礼にスチール夫妻を日本に招待し、日本で結婚して最初に泊まった東京・紀尾井町の福田屋旅館（現在の料亭福田屋）に宿泊してもらったり、新婚旅行先だった日光などの観光旅行にも行ってもらった。数十年ぶりのセンチメンタル、ロマンチックジャーニーが出来たと夫妻は大喜びだった。

細田氏の思い出からスタートしたアメリカのアイデアはこうして一年がかりで実を結び日米友好にも大きな役割を果たしたものだった。スチール夫妻の来日は新聞で報道され、テレビでも取り上げられ、思いもよらないアメリカ時代の大きな思い出ともなったのである。またこれらの写真は、いま毎日新聞の貴重な資料「スチール・コレクション」として保管されている。

六.アメリカコミュニティーを楽しむ

私のワシントン生活は、日米摩擦の激化に追われ忙しい日々ではあった。それでも朝から晩まで追いまくられていた東京の新聞記者生活とは違い楽しい日々だった。

長男の暢大は小学校の四年、娘の陽子は小学校の二年でアメリカに渡り、家の近くの公立学校に通うことになった。英語が全くできない二人がどんな学校生活を送るのか、興味もあった。長男は地域の野球のリトルリーグ・チームに参加しうまく溶け込んでいった。体は小さかったが地域のリーグのトップチームに入り、シーズン優勝を遂げたりした。学校では、リトルリーグで優勝したということで一目置かれるようにもなった。また、学校でケンカなどすると、先生が出てきてケンカした者同士の言い分を公平に聞いて処分するので、いじめられることもなく伸び伸びとした生活を送っていたようだ。

娘の陽子は長男がリトルリーグに入ったのを見てサッカーチームに入り、土曜、日曜になると駆け回っていた。当初は言葉も通じず子供たちにとっても負担が大きいかなと考えていたが、心配は全く杞憂に終わった。また、英語ができない生徒は、それぞれ集められて英語で日常生活のルールなどを教えられており、実に行き届いた面倒をみてくれていた。

リトルリーグなどは、週に一～二度ナイターの練習試合も行ない、父兄やお母さん方がおやつをもって応援に駆けつけており、コミュニティーの活動も活発だった。

アメリカ・マクリーン小学校の遊具作り・1981年

ある日、父兄全員に「学校でプレイグラウンド（遊具施設）を作るので空いている日に印をつけて、その日は大工仕事などをしてもらいたい」という知らせがあった。自宅にある金づちやノコギリも提供してほしいと言われた。大工仕事を選ぶにあたっては「釘をまっすぐに打てるか」「ノコギリをきちんと使えるか」などといったアンケート用紙があり、それを見て学校側がグループ分けをした。私はどれも中途半端で丸印を付けるところがないと具申したらモッコ担ぎグループに入れられた。午後から夜九時位までの間で二〜三時間ボランティアをする決まりで、一週間かけてシーソーや砂場、鉄棒などを作るという仕事内容だった。この遊具施設作りには父兄だけでなく、街のお店屋さんが食べ物を配ってくれたり、夜になると消防車がきてライトを当ててくれるなど地区の人たちみんなが協力しているのが目立った。遊具施設が完成するとボランティアの人たちが日曜日に集まってお祝いをしたりした。

学校行事でもう一つ興味深かったのは、本当の大統領選挙と同様に生徒が立候補し、模擬大統領選挙を毎週社会科の授業の時に行なっていたことだ。一九八四年の大統領選の時で共和党からレーガン氏、民主党からモンデール氏が立候補していた。毎週学校行事のあり方や運営などについて民主党、共和党グループに分かれ、検討会を行ない、最終的には二人の候補者を選んで、その後の二人のうちどちらを選ぶか全校投票をするのである。選挙期間は二—三ヵ月に及び、本当の大統領選と同様の立会い演説会や党大会などを経て投票に入るというスケジュールになっていた。その間の社会科の授業は選挙一色となり生徒たちが選挙運動や応援を行なうという具合だった。

私はある時、学校に行って「選挙期間中は他の社会科の授業はやらないのですか」と聞きに行ったら、「四年に一回の大統領選挙を自分たちでやることが一番の社会科の勉強になる」という答えだった。「生徒たちが本当の大統領選挙と平行して同じような運動を行なえば、大統領を選ぶ仕組みもわかるし、自分たちで訴える内容を考えたり、スローガンを決めて運動をしたりすれば、自然に大統領選挙というものが、小学校の頃からわかるようになり民主主義教育には最適じゃないですか」というのだ。しかも大統領選が終わると学校でも祝勝パーティーが開かれるというおまけまでついていた。「教科書で社会科の授業を進めたり、大統領選のことを説明するのもよいが、自分たちで実際に長期間実践したら絶対忘れることがないし、選挙の重要性も理解するようになるんじゃないでしょうか」と言われて〝なるほど〟と合点がいったことを覚えている。これから行われる大統領選挙にも合わせて多くの小学校で模擬大統領選が行われているのだろう。アメリカの大人たちが大統領選挙にあれほど興奮し、熱狂するのも小さい頃の模擬大統領選の体験があるためなのかと感ずる。

第五章
フリーとなって世界を取材

ワシントン特派員の仕事を終えると、私は再び一九八五年に東京本社の経済部に戻った。年齢は四〇代に入っており、現役で取材活動を行なう時期はそろそろ終わりに近づいていた。帰国すると経済部の官庁経済（大蔵省、通産省、外務省、経済企画庁、農水省など）を総括してみる立場となり、私は経済企画庁に籍をおいて官庁経済をみてまわった。次いで民間経済全体のキャップとなり、経団連一階の財界記者クラブを拠点にしながら自動車、電気、化学、鉄鋼、小売り、ソフトの業界などを幅広く総括的に取材する立場になった。

そのことは、そろそろ現場取材から管理職への道へ入る準備でもあった。最初は経済部の担当デスクとなり、現場記者の原稿を点検したり、連載の企画を考えたりする役割で、これらを四、五年続けて経済部長、編集局次長、論説委員長、編集局長、取締役などへと階段を登っていく道につながる。いわば現場を離れ、部員の管理や社内会議などに時間を費やすことが増えるのだ。

私は一九八七年に経済部デスクの辞令がおりた時、そのまま会社に残るか、フリーライターとして記者を続けるか迷った。デスクに残るということは、記者の道を基本的に断念し、会社の出世コースにのって仕事をすることが主になるということだった。結局、会社を辞める決断をし、フリーとして生きて行く道を選ぶことにした。もともと新聞記者が好きで、取材したり書いたりするために記者になったのに、今後は社内政治と出世のために時間をとられて人生を送るのは、自分の生き方には合わないと思ったのだ。

デスク（副部長）の辞令を聞いた時、「会社を辞めてフリーの道でやっていきます」と断った。上司は私の決心に驚いて「どこか他の会社に引っ張られているの？ フリーで食べていくのは大変だよ」と心配してくれたので、冗談で「今すぐ社長にしてくれるんだったら考え直します」と言ったら、さすがに「それはちょっと無理だな」と苦笑いをして話は終わった。同僚や他社の記者仲間もびっくりして「よかったらウチの社に来ない」と誘ってくれる友人もいたがむろん断った。こうして私は二〇年在職した毎日新聞を退職した。四五歳の声を聞こうとした時期だった。

退社して一、二年は、雑誌のコラム連載三、四本とラジオやテレビ出演、小論文を書くことを生活のリズム、糧とした。コラムは東京新聞、雑誌「財界」「世界」「Ｂｅ・ｉｎｇ」（リクルート社）「ＶＯＩＣＥ」や電気新聞、週刊誌「サンデー毎日」「プレイボーイ」、企業調査で有名な「東京商工リサーチ」に依頼された毎月一回の原稿などを書くことで、経済、国際情勢、政治、文化などのジャンルの原稿を媒体別に書くことを任されていた。

フリーの記者となって、取材の範囲が広がり、どんなテーマでも、また海外にもたっぷりと時間をかけて取材にまわれるようになったことが何よりの収穫だった。特に海外取材はこれまでも何回か行なってきたが、時間の制約があり取材が終わればすぐ帰国の途に着くのが通例だった。

しかし、フリーになると目的取材が終わっても時間的余裕がたっぷりあったので、周辺国を好きなだけまわることが出来た。特に私はサミット取材で毎年海外の主要国に行っていたので、フリーになった後はサミット後にいつも一週間から十日位は自由になる余裕があった。アメリカでサミットがあれば、普段では行けないフロリダや中西部にまで足を延ばせた。フランスでは帰路にベルサイユのお城や美術館などもゆっくりまわり、食の都リヨンにお店があり世界に知られているポール・ボキューズのフランス料理を食べる機会もあったし、水で有名なエビアンなどへも行った。また、カナダのハリファックスへ行った時は「赤毛のアン」で有名なプリンス・エドワード島やロッキー山脈を楽しんだりした。

一．ウズベキスタンとの長い交流

中央アジアと四半世紀の交流「日本ウズベキスタン協会」を創設

こうした周遊旅行とは別に、私が中央アジアのウズベキスタンと三〇年近くの交流を続けられているのもフリーになったおかげだった。当初は「なぜウズベキスタンなの？」とよく質問されたが、小さい頃から中央アジア、とりわけシルクロード（絹の道）に興味があった。そのうち、ウズベキスタンと付き合うようになりウズベクの留学生と知り合い、ついにＮＰＯ日本ウズベキスタン協会まで設立してしまった。いまや協会は三〇年を越すほどになっており、私は付き合いで、これまでに八回も訪れている。

「ウズベキスタン」という国名を聞いて、世界のどの辺にある国かと、パッとひらめく日本人は少ないだろう。辛うじてタシケント、サマルカンドという都市名を歴史で習った記憶ぐらいしかないのではなかろうか。しかし最近のウズベキスタンの〝日本熱〟は半端ではないほど熱い。国づくりを日本に学ぼうという声が国中に満ちているのだ。二〇二四年時点で、日本にいるウズベク人は六千人超、日本への留学生が二六〇〇人という数を聞いてもウズベク人の親日感情がわかろう。ウズベキスタンを旅行していて、私達が日本人一行とわかると皆ニコニコしながら寄って来て、一緒に写真を撮って欲しいと頼まれることがしばしばだ。

一方、ウズベキスタンはここ数年、世界の国々からも注目を集めている。イギリスの高級誌「エコノミスト」誌は、二〇一九年の「今年の国」にウズベキスタンを選出し「これほど大きく改革された国はなかった」と評価し国際社会を驚かせた。

これは「エコノミスト」誌だけではない。アメリカの「CNN」テレビは、「なぜウズベキスタンが最も魅力的な旅行先か」、という特集を組んだし、旅行ガイド「ロンリープラネット」は、「旅すべき地域」の第一位にシルクロードを選んだ。さらにイギリス「テレグラフ」紙は、「二〇二〇年に世に知られていない訪問すべき場所ベスト10」の第九位にタシケントの地下鉄をあげており二〇一九年がウズベキスタンの当たり年だったことは、国際的にも認識されていた。

また日本でもNHKの「国際報道」で隠れた観光名所として、やはり「地下宮殿・ウズベキスタン・タシケントの地下鉄」を取り上げたし、TBSテレビの「世界ふしぎ発見！」では『シルクロードのど真ん中に「日本」がいっぱい!? 青の都ウズベキスタン』を特集。さらに黒沢清監督、前田敦子さん主演の映画「旅のおわり世界のはじまり」も評判を呼んだ。時代はいま日本や欧米の先進諸国に元気がなく、中国や東南アジア諸国などが成長を遂げてウズベキスタンに投資を行なっている企業が増えてきた。最近は中央アジアへの投資に人気が出ており、中国やアメリカは、それぞれ首脳会議を開き、熱視線を送っている。

ウズベキスタンは十九世紀にロシア帝国に征服されロシア語が定着してきた国で、今もウズベク語とともにロシア語が日常的に話されている。ただ一九九一年に旧ソ連が崩壊するとウズベクは他の中央アジア四ヶ国（カザフスタン、トルクメニスタン、タジキスタン、キルギス）とともに独立し、その後中央アジアの中心的な国として成長してきた。独立当初は日本ではその存在は殆んど知られておらず、「スタン（STATE＝国）」がつくのでパキスタンやアフガニスタンの一部と間違われることさえあった。

シルクロードの中心国

ウズベキスタンの面積は日本の一・二倍で独立時の九一年の人口は二一〇〇万人だった。しかし現在は三二〇〇万人へと急増し、二〇代の若い人々が多い。二〇五〇年には一億人に達するとの予測もある。今後、ますます内需が増え、若い労働力も豊富なので日本、韓国、中国などに進出する外資系企業が徐々に増えている。さらにまた、現在、中東のハブ空港といえばアラブ首長国連邦のドバイが中心となっているが、ウズベキスタンの地勢はヨーロッパ、中国、東南アジア、中東諸国にも近く極めて便利なので、二、三〇年のうちにアラブ首長国連邦のドバイに代わるハブ空港になる可能性もが十分にあり得る。人口増大は成長の柱であることを考えると、二一世紀半ばには再びウズベキスタンを中心とする中央アジアの時代がやってきそうな予感がする。

面積は日本の約一・二倍でカザフスタン（以下、カザフ）の五分の一程度だが、カザフの人口は一八〇〇万人ほどだ。GDPは石油大国のカザフの約四分の一の四一二億ドルと少ないものの、中央アジア五ヵ国（他はカザフスタン、トルクメニスタン、タジキスタン、キルギス）の中で、ウズベキスタンは中心的存在として急速に成長してきた。ガスや石油、稀少希少金属を持つ資源国であるとともに綿花を中心とする中央アジア最大の農業国でもある。さらには外貨獲得のためにソ連に出稼ぎに行き、本国へ送金もしている。また、韓国の大宇が建設しGMに代わった自動車工場や日本のいすゞ自動車が作った小型バスの生産工場などの工業基盤と作りや中小企業、サービス産業、繊維、観光産業も多く、他の中央アジア諸国に比べバランス良く産業を発展させ成長してきた。こうしたことから、欧米諸国は今後の国際情勢で焦点になりそうな中央アジア、特にウズベキスタンに注目し始めていたるのである。

独立後は、故・カリモフ前大統領がイスラムの過激主義の蔓延を恐れ、強権的な独裁国家体制を実施し自由化に対しても厳しい規制を行なってきた。しかしカリモフ氏が死去し二〇一六年からミルジョエフ氏が大統領になると、改革に手を付け、開放的政策を取り始めた。強制労働をほぼ廃止し、外国人ジャーナリストのウズベキスタン国内での活動を許可、さらに多くの国境検問所を開放し、過酷な刑務所の閉鎖などを実現した。二〇一九年に飛躍的に自由化を遂げ、国内経済も急激に改善された。その改革によって五~七%の成長を遂げ、国民は豊かになり、かつてに比べるとずっと行きやすい国になった。

海外企業と合弁を組むようになると、新しい技術や働き方が入ってくるし、海外送金のあり方などを巡って従来の規制も徐々に緩和され、他の業種も入りやすくなる。また海外に輸出するようになると品質を上げなければならなくなる。こうした努力が積み重なってウズベキスタンの中小企業は他の中央アジア諸国に比べ明らかに力をつけてきているのだ。資源だけに依存していると、資源価格が高い時は良いが、資源価格が低落すると外貨を稼ぐ手段がなくなってしまう。その点ウズベキスタンが中小工業に力を入れ、新しいミルジヨエフ大統領も規制を緩和するなどの努力を続けているので資源以外の経済競争力も強まってくる可能性が強いのだ。

さらに、ウズベキスタンに行くと、語学能力の高さにも驚かされる。元々ヨーロッパ（ローマ）

と中国を結ぶシルクロードのど真ん中にあった交易都市だっただけに、語学が必然的に発展する潜在的基盤があった。民族的にはトルコ系、イラン系の人種が多いといわれるが、ウズベキスタンに行くと公用語のウズベク語のほか、ロシア語、英語はむろんだが、若い人はフランス語、ドイツ語、日本語などを話す人も多い。日本に来る留学生を見ていると、日本語は高校で一年位しか習っていないのに不自由なく使っているのだ。このため、日本に留学してそのまま日本企業に就職する学生が増えてきており、多国間の貿易に活躍している。

私が初めてウズベキスタンを訪れたのは、独立五年後の九六年だが、当時はまだ第二次大戦で敗北した日本の敗戦直後のように貧しく、ようやく立ち上がり始めた日本に似ていた。しかし現在は首都タシケントやサマルカンドなどに高層ビルが建ち、自動車のラッシュや外資系ホテルなども目立っている。

ウズベキスタンと日本の縁は非常に深い。元々、紀元前千〜二千年前は、東西を結ぶシルクロードの中心のオアシス都市として栄え、東西の文物が行き交った文化・文明の中心地だった。現在も青いモスクや美しい建物にその面影をはっきりと残している。古くは三蔵法師がシルクロードを通ってインドに渡り、そのルートから西側の文物と仏教が中国、日本へと伝わってきたのだ。日本人がシルクロードにロマンと郷愁を感ずるのはそうした長い歴史を知っているからだろう。

世界の四大文明地といえばエジプト、メソポタミア、インド、黄河などが有名だが、中央アジアのウズベク地域も二〇〇〇年以上の文化、文明を誇ってきた地域だ。タシケント、サマルカンド、ヒヴァなどの古代文明地には天文学や数学などに関連した様々な世界遺産があり、いまや欧米や日本などから観光客が訪れる世界的遺産見学の訪問地として人気が高い。

私が初めてウズベキスタンを訪問したきっかけは、もともとは元大蔵省財務官でその後アジア開発銀行総裁となった故・千野忠男氏が、ある日私に「メディアの力でもう少しウズベキスタンの事を世の中に知らせてよ。ウズベキスタンは九一年にソ連から独立した後、日本をモデルにした国づくりに励んでいるけど、明治維新の時代の日本と日本人を見るようで感動させるものがある。ぜひ一度訪れて日本人に、ウズベクと日本の歴史的関係や懸命に国を建設している様子をテレビや新聞で報道して欲しいな」と熱を込めて語られたことがきっかけだった。

私も昔からシルクロードや中央アジアに一種の憧憬を持っていたので、ＴＢＳテレビの友人に「親日国で〝青の都〟と呼ばれるシルクロードの中心地・サマルカンドは紀元前からアジアとヨーロッパが交差する文明都市として知られ世界遺産が沢山ある名所だ。仏教もシルクロードを経て伝わったといわれているから取材する価値は大いにあると思うんだ」と言い、「今後世界から注目されることになる中央アジア、特にウズベキスタンを今から焦点を当てておくことは意味があるよ」とウズベキスタン取材を持ちかけた。するとTBSテレビも納得し、テレビクルーとを組んで、独立五年目の九六年に取材に行くことができたのである。帰国後、TBSテレビの「報道特集」で一時間のドキュメンタリー番組として放送したところ、再放送を望む声が沢山寄せられた。

というのは、取材を進めているうちに首都・タシケントに建つ壮麗なオペラハウス「ナボイ劇場」は、何と第二次大戦でソ連の捕虜となり満州に抑留されていた日本人工兵四五七人が戦後旧ソ連のウズベキスタン・タシケント市に連れていかれ、ウズベク人と協力して建設したものだという事実も判明したからだ。しかも放映後、建設の中心となった永田行夫大尉（当時二四歳）以下、捕虜だった第四収容所（ラーゲリ）の主だった人物と連絡が取れ建設秘話の全貌も明らかになったのである。（詳しくは嶌信彦著『伝説となった日本兵捕虜』角川新書を参照）

永田氏は、一九四五年の終戦を当時の満州・奉天（現在の瀋陽市）で、第一〇野戦航空修理廠、通称第一〇野戦航空部隊の大尉・作業部隊長として迎えた。その後旧ソ連の捕虜となり、部隊兵と共に現在のウズベキスタン・タシケントへ送られた。ソ連側から下りた命令は、まだ基礎工事しかできていなかった建設途中のオペラハウス・ナボイ劇場を革命三〇周年にあたる一九四七年一〇月までに完成させることだった。

日本人伝説の元となったナボイ劇場

永田氏の部隊は、航空機の修理にあたる技術、作業工兵の専門家集団だったこともあって、シベリアでなくウズベキスタンのオペラ劇場建設に向けられたのである。他の部隊、収容所からも永田部隊に合流し、最高時は四五七人に上った。永田氏は、それらの兵を土木、床張、足場大工、高所作業、鉄骨、左官、彫刻など約二〇の作業隊に分け、二年間かけ地元のウズベキスタン人と協力してナボイ劇場を完成させたのだ。日本人の仕事は丁寧、真面目、器用などの理由から敬意を持たれていた。

日本兵捕虜が建設を命じられた時、日本兵の間では「どうせ捕虜として働かされるのだから適当に作っておけばよいだろう」という声もあった。しかし当時の隊長だった永田氏は「オペラハウスとして建設すれば今後何十年も利用されることになる。もしいい加減な建築を行ない、すぐに欠陥が見つかるような建物だったら日本人は笑い者になるかもしれない。たとえ捕虜であっても日本人として恥ずべき仕事はせず、後世に〝さすが日本人はすごい〟といわれるようなものを建てよう」と説得した。その結果、日本兵たちは知恵を働かせ、日本人の器用さを生かしながら、ウズベク人たちと一緒に約束の二年の期限内に後々までウズベキスタンの誇りとなるオペラハウ

ナボイ劇場正面

スを完成させたのだ。
ナボイ劇場は、総床面積一万五千㎡、観客席千四百を有する煉瓦作り三階建のビザンチン風建築だった。建物内部にはサマルカンドの間など三つの控えの部屋（パーティールーム）がある。天井や壁の装飾は中央アジア各地の特色と紋様、彫刻が施してあり、パリやローマにある一流のオペラハウスに全く引けを取らない堂々たる建築となっている。完成当時以後もモスクワ、サンクトペテルブルク、キエフにあるソ連が誇るオペラハウスと並んで四大劇場の一つに数えられている。ソ連は昔からオペラやバレエ、コンサート、合唱など音楽を好むことで知られていたから、完成後は内外の有名なオペラ歌手、バレリーナなどが舞台に立ち、歴史を刻んできた劇場として世界的にも有名となった。いまやウズベキスタンを代表する建築となり多くの観光客が訪れ、オペラやオーケストラ、バレエ、演劇が上演されている。

大地震にびくともせず

このナボイ劇場は一九六六年にタシケントの街の建物が殆んど崩壊するような大地震が発生した時に、びくともせず凛として悠然と建ち続けた姿にウズベク人が大きな感銘を受けた。この逸話は、日本人の確かな技術と、たとえ捕虜であっても真面目に働き、将来、恥をかくような建物は作らないという日本人の誇りが生んだものだったことが知れ渡る。以来、ウズベキスタンの人たちは日本人に敬意を抱くようになり、中央アジアに〝日本人伝説〟を作るきっかけともなった建物となったのだ。このことが契機となり、第二次大戦後の日本の素早い復興を知って一九九一年のウズベキスタン独立後は日本をモデルにした国造りを行っている。こうした歴史的経緯もあって、ウズベキスタンは親日国なのである。

劇場の壁にはかつて「この劇場は日本人捕虜が建てたものである」と書かれたプレートが埋め込まれていたが、九一年の独立後ソ連時代にウズベクの第一書記でそのまま大統領に就任したカリモフ大統領が「ウズベクは日本と戦争したことはないのだから捕虜という言葉を使うのはおかしい」と指摘。現在は「一九四五年から一九四六年にかけて極東から強制移送された数百名の日本国民が、このアリシェル・ナヴォーイ名称劇場の建設に参加し、その完成に貢献した。」と書き換えられている。

協会で様々なイベントを企画

私がNPO法人「日本ウズベキスタン協会」を立ち上げたのは、先述のTBSテレビの「報道特集」の放映の反響が大きく何度も再放送の依頼が続いたためだった。当時は再放送する枠がなかったので、せっかくならウズベキスタン協会を作って、その協会の集まりでVTRの上映会を行なおうと考えたのがきっかけだった。二年あまりの準備期間を経て「日本ウズベキスタン協会(のちにNPO法人)」を九八年春に設立、同協会を中心に上映会を行なった。この時には、まだ存命だった永田氏ら第四ラーゲル(収容所)会の人や一般の人にも宣伝し、日本に来ている留学生らにも参加を呼びかけた。多分、三〇〇人以上の参加者があったと記憶している。

その後、せっかく協会を作ったのだからウズベキスタンやシルクロードの歴史、今後の事をもっと知ってもらおうと展示会やシンポジウム、講演会、嶌信彦の出前講座、少人数の勉強会、ウズベクの留学生との交流会、ウズベク語講座の開設、ウズベク旅行などを次々と計画、正月には新年会、春には桜のお花見会なども企画した。ウズベク人は語学に達者で一年もすると日本語がペラペラに喋れるようになるので、留学生や在日ウズベク人の家族などにも積極的に声をかけた。シンポジウムや講演会、新年会、お花見会などにはいつも大体百～二百人が参加するようになり、会員数も多い時は五百人を超えた（現在、個人会員は二四一人）。

協会創設以後の二五年間を振り返っても、二〇一九年ほどウズベキスタンが各種メディアで取り上げられ、話題になったことはなかった。暮れの押し迫った十二月十七日に就任三年目のミルジョエ

2006年1月に開催されたNPO日本ウズベキスタン協会新年会。来賓の安倍晋三官房長官（当時、左）、中山恭子元ウズベキスタン大使（右）

フ大統領が始めて来日し、十二月十九日夜には首相公邸で安倍首相主催による公式晩餐会が開かれた。日本とウズベキスタンの関係者約六十人が招かれ、私もＮＰＯ日本ウズベキスタン協会の会長として出席した。晩餐会の挨拶では両首脳がいずれも『ナボイ劇場』建設の話に多く触れたのを聞いて、改めて日本兵捕虜たちがシルクロードで誇りをかけて行なった仕事が両国の大きな絆になっていることを感じた。この晩餐会には当時隊長として指揮をされた故永田大尉の長男の永田立夫氏も招かれており感慨深く聞いておられた。

オペラ史上に輝くナボイの「夕鶴」公演

日本ウズベキスタン協会では、その後、ウズベキスタン独立十年の二〇〇一年にはタシケントのナボイ劇場でオペラ『夕鶴』を公演することを企画した。国際交流基金に話を持ち込み、後援を依頼したところ「中央アジアではまだ大きな舞台を企画したことがないのでやりましょう」と快諾してくれた。作曲家の三枝成彰氏やオペラ好きだった故・羽田孜元首相、ぴあの矢内廣氏、演出家の故・鈴木敬介氏らの支援、協力があり、現地のオーケストラ指揮を現田茂夫氏にお願いし、つう役に釜洞祐子氏、与ひょう役に小林一夫氏で公演が実現した。

「第七百回を越える〝夕鶴〟公演史上、いや日本のオペラの歴史にも残る舞台となることを確信しています」中央アジアの『夕鶴』公演で、初日（八月二日）のウズベキスタン・ナボイ劇場の開幕直前に、これまで何度も『夕鶴』の演出を手がけてきた鈴木氏は涙ぐむほどの高揚感を持って思い入れを吐露した。

そのナボイ劇場で日本のオペラを上演し、しかもこの観劇ツアーには、約五十年前に建築の総指揮を執った永田行夫氏ら建設従事者も加わっていたため、鈴木氏と出演者たちはいやが上にも歴史の巡り合わせに興奮を感じていた様子だった。

さらに鈴木氏が大きく評価したのは、舞台装置、照明、技術、字幕などすべてにわたり現地のウズベク人や日本への留学生・ラフシャン君などとの共同作業で行われたことだ。特に留学生のラフシャン君らは『夕鶴』のウズベク語訳に大変な努力をボランティアで手伝ってくれた。また、鈴木氏は、過去の『夕鶴』海外公演で子供の出演は、全て現地の日本人学校の生徒から選抜していたが、「ウズベクの子供たちがこんなに上手に日本語を猛練習し、歌うとは思わなかった。はじめの不安は吹っ飛び、感激に変わった」と言っていた。

またこの公演はこの年の五月に亡くなった『夕鶴』作曲者の團伊久磨氏の追悼公演でもあった。実は当初の予定では、シルクロードをこよなく愛した團氏自らが指揮することになっていた。

二日間の公演は、三階席までの千四百席が超満員となり、拍手の嵐が鳴りやまなかった。特に二日目は、招待客中心の初日に比べオペラ好きのウズベク人が多かったせいか、観客の集中力、緊張度が劇場を覆い、主役のつうが鶴に変身し飛び立つ場面では、舞台と観客の一体感を肌で感じることができるくらいだった。

終演後は観客が立って拍手するスタンディングオベーションとなった。特に幕が下りた時に、観劇ツアーに参加された永田行夫氏ら第四ラーゲル会の方々に舞台へ上がってもらい「この方々がウズベクの人と一緒にナボイ劇場を建設した日本の工兵の方々でした」と紹介すると観客は総立ちとなって熱烈な拍手を贈ってくれた。永田氏らも自分たちが手掛けた劇場の各部分を説明し、まさに涙ぐむ感激の一瞬だった。

主催した国際交流基金の担当者や当時の中山恭子大使も「日本の舞台装置や技術、特に照明のすばらしさなどはウズベク側のオペラ関係者に大きな感激を与えたようだし、こんな人的交流の深まった文化協力は初めてかもしれない」と初の〝中央アジア文化外交〟に満足そうだった。カザフスタンの公演も成功し、フィナーレの舞台に立った團氏の遺影もパイプを手にして微笑んでいた。

公演後は中山恭子在ウズベク日本大使が公邸でバーベキューの慰労会を催してくれたことも懐

かしい思い出だ。この公演の模様は二〇〇一年九月三十日（日）午後五時半からＴＢＳテレビの「報道特集」で放送された。

文化服装学院でファッションショー

また、協会の設立十周年記念には新宿の文化服装学院の大沼淳学長（当時）と学生たちの協力を得て、ウズベクのアトラス織の布やカラフルな布を日本に数十着分持ち込んで、その布・織で独自の現代風の服装を作ってもらい、同校の文化祭でファッションショーを行った。私がシルクロードやウズベクの歴史、文化、あのティムール大王を生んだ国であることを紹介した講演を行なった後に、学生たちがウズベクの布を使って個性的なアイデアでデザインした洋服のファッションショーを披露したのだ。文化服装学院が全面協力してくれたおかげで、二〇〇八年四月十八、十九日の二日間で約一万人のお客さんがショーを見てくれ大盛況だった。

永田行夫氏は二〇一〇年四月十一日に亡くなられた。私とウズベキスタン協会の永峯和恵事務局長（当時）はじめ数人の会員が列席、元抑留兵の方々も参列し、見送った。

奥様の安佐子氏や長男の立夫氏は「父はウズベキスタン協会の新年会や総会をいつも楽しみに

していました。とくに自分の抑留時代のことに意義を見出してくれたことに感謝していましたね。」と永田氏の思い出を語ってくれた。

当時第四ラーゲリ（収容所）で永田氏と一緒にいた抑留兵の方々は、永田氏の葬儀の会場やかつての仲間たちの集まり（ラーゲル会）などで「永田さんは、本当に人格者でいつも皆のことを考えていたし、軍人の位によって差別することもなかった。」「永田さんが、戦争中に部下を殴ったりしたところは見たことがない。皆慕っていたからラーゲル会が今まで続いたんだと思う。」「ナボイ劇場を建てている時も、私たちは〝隊長〟と呼んだり、永田さんと呼んだりいろいろだった。後で聞くと部下が隊長を〝さん〟づけで呼ぶ隊などなかったといいますからね。」などとその人柄を懐かしがっていた。

念願の「ナボイ劇場」建設秘話を上梓

NPO法人「日本ウズベキスタン協会」の設立から今日まで、長いようで短い気もするが、すでに約三〇年経った。それまで、幾度となく、なぜ「ウズベキスタンなのか」とよく質問されてきた。私が初めてウズベキスタンを訪問した九六年に、「ナボイ劇場」の建設秘話と出会ってから、建設に従事された永田行夫隊長以下、四五七人の方々から多くの話を聞き、いくつかの小冊子として記録に残しておいた。長年、敗戦で満州からウズベキスタンに移送された捕虜の皆さんが二年かけて建設した旧ソ連の三大オペラハウスのひとつ「ナボイ劇場」の秘話を世に知らせることと、厳しいシベリア抑留とは別の側面を歴史に残しておきたいという思いから一冊の本にまとめたいとずっと、思い続けていた。ただ、忙しくなかなかまとめることが出来なかった。

「ナボイ劇場」建設に従事された方はほとんど亡くなられたが、それまでの取材や冊子の記録を元に二〇一五年九月末に私はノンフィクション「日本兵捕虜はシルクロードにオペラハウスを建てた」を角川書店より単行本として発売することができた。本同書は三刷までいき、その後は二〇一九年九月に新たに新書版として「伝説となった日本兵捕虜」として改めて発売された。

二〇一八年五月十三日に放送された日本テレビ「世界の果てまでイッテQ！」でタレントのイモトアヤコさんがウズベキスタンを訪問し、冒頭部分で「ナボイ劇場」を紹介するなど度々、「ナボイ劇場」の建設秘話はテレビなどで紹介されている。ちなみに、この放送の平均視聴率が番組歴代三位タイとなる二二・四％の高視聴率が記録されたようで、改めてウズベキスタンに注目が集まっている事を物語っていた。

また、協会設立二〇周年の総会には二〇一八年二月に新大使としてウズベキスタンから日本に赴任され、エネルギッシュに日本各地を回っておられるファジロフ大使（当時）をお招きして日本の印象や大使の人柄がわかるエピソードなどをインタビューした。さらにその後、現在のアブドラフモノフ大使が二一年九月に赴任された。アブドラフモノフ大使は、大の日本びいきで、北海道に留学しており、赴任以来、日本各地を精力的に歩き、日本との友好に務めておられる。

協会二〇周年に記念ウズベキスタン旅行

さらに、二〇一九年九月六日から十三日までの八日間、NPO法人「日本ウズベキスタン協会」が主催した二〇周年記念旅行（ヒヴァ、サマルカンド、アラル海、タシケントなどを周遊）で、久しぶりに八度目となるウズベキスタンを訪問した。ウズベキスタンの環境問題などを研究している川端良子・日本ウズベキスタン協会理事長（東京農工大教授）や会員と一般募集で募った約三〇人が参加し、和気藹々の実に楽しい旅だった。年配のご夫婦をはじめとして、中堅や二〇～三〇代の若手も交じり、普段ではなかなか一緒に旅行する機会のないメンバーでの旅行となった。

週二便のウズベキスタン航空で成田から直行し、九時間半ほどで首都タシケントに到着。翌日は伝説の『ナボイ劇場』や日本人墓地、現地のジャリル・スルタノフ氏がコツコツ集めた資料を展示している日本人抑留者資料館を見学した。抑留当時の貴重な建設の様子などを八ミリフィルムで撮影した映像や資料を拝見したり、ウズベキスタンの歴史博物館なども訪れた。

その旅行には、『ナボイ劇場』を建設、完成させた永田行夫隊長のご子息である永田立夫氏も参加されており、感慨深げだった。立夫氏によると父の行夫氏は生前、捕虜時代のことをあまり詳しく話されなかったため古い映像や資料を見て苦労の実情がわかったという。

また、前述のオペラ『夕鶴』を企画、主催し、建設に関わられた方々がオペラ終了後に『ナボイ劇場』の舞台に立たれたことを思い出し、懐かしさもひとしおだった。

もう一つの楽しみは、二日目の夜に旅行団とウズ

2019年NPO日本ウズベキスタン協会の旅行で訪れた「アラル海」にて

べキスタン在住の日本関係者とのパーティーを開催したことだった。かつて日本に留学していたウズベク人や赴任されたばかりの在ウズベキスタン日本大使の藤山美典氏（当時）、ウズベキスタンに赴任されている商社やＪＥＴＲＯ（日本貿易会）、ＪＩＣＡ（国際協力機構）などの関係者三〇名をお招きし、久しぶりの再会に話がはずんだ。

さらに、今回の旅行のハイライトのひとつは、世界最大の環境問題地域といわれる『アラル海』を訪れたことだった。綿花や水稲の灌漑農業用水に『アラル海』の水を利用した事業の促進によって、旧ソ連時代に世界第四位の湖面面積（北海道と同じ位の広さ）を誇っていた大湖が砂漠化し、六〇年間で九分の一にまで減少。塩分が上昇し湖水流域の漁業、農業もほぼ全滅した。砂漠化したかつての湖底に立つと、漁船があちこちに錆び付いたまま放置されている『船の墓場』と呼ばれている異様な光景にみんな口をつぐんでしまった。

『アラル海』の公害現場はウズベキスタンとカザフスタンにまたがる地域に存在していたが、いまやカザフスタンにある小アラル海だけが残っているのが実情だという。当時、『アラル海』縮小による漁獲高減少による損害は最大六千ルーブル、灌漑農業によって得られる利益は一四〇億ルーブルに達するとみられ、損益面からのみ考え実施したものの、気候の変化やデルタや河川の砂漠化、土壌の塩類化、牧草の減少――などが次々と起こり自然改造によって起こる環境破壊が大きな国際問題になってしまい、人間の愚かさを示していた。

ウズベク側の熱いもてなしに感激

このほかヒヴァの古代社会の遺跡やサマルカンドの古代寺院、美しい青のモスクなどを見学したが、なかでもサマルカンドのレギスタン広場でのライトアップや、三年前から始まったシルクロードやウズベキスタンの歴史をテーマとしたプロジェクションマッピングは圧巻だった。古代からの建築と現代のハイテク技術を駆使した夜空のショウは紀元前から続く中央アジアの美的感覚や感性を堪能させてくれた。

今回の二〇周年記念旅行期間中は、ウズベキスタン政府や在日ウズベキスタン大使館などが、心を込めて歓迎してくれたイベントが続き、各都市での歓迎式典（ウズベキスタンの音楽やダンスなど）のショウや各市長、また代理の方による歓迎に参加者一同は大いに感動していた。私にとっても過去の公式訪問やグループ旅行でこれほどの〝おもてなし〟を受けたのは初めての経験だった。また、今後、日本ウズベキスタン協会とウズベキスタン政府の文化・観光当局との共同プロジェクトを遂行することも約束した。

世界の人気観光地であるエジプト、トルコ、パリ、ニューヨーク、ロンドンなどがテロで揺れているせいか、中央アジア、特にウズベキスタン観光の人気の高まりはすさまじく日本人観光客も前年比で四、五倍に上っている。私たちが訪れた二〇一九年九月にも五百人以上の日本人が来ていた。今回の記念旅行の旅程は、かなりきつく、中には食べ過ぎてお腹を壊した人もいたが、ウズベキスタンの料理や果物も大いに楽しんだ訪問でもあり、大成功だった。

毎年一〇回以上のイベントを開催

二〇一五年にはＮＰＯ法人「日本ウズベキスタン協会」の会長とともに協会活動の実働を一緒に働いてくれる理事長に、東京農工大准教授（当時、現在は教授）の川端良子氏に就任いただいた。川端氏はウズベキスタンの環境問題などを研究しており、年に何度もウズベキスタンを訪れているので会員にとっては心強い存在となっている。

当初、会員の中心だったナボイ劇場を建設した第四ラーゲル会の方々の大半が亡くなられ、現在は二〇代~五〇代の若者や中年層に世代交代してきた。最近の海外旅行はヨーロッパやアメリカ、東南アジアなどから、まだ訪れたことのない中央アジアに魅力を感ずる人も増えてきたようで、会員の世代交代も進みつつある。また中央アジアはイスラム教の国が多いものの、穏健なイスラムが中心で過激なテロ行為などがないため、会員たちも安心して旅行を楽しんでいた。それとウズベク人はトルコ系、イラン系、ロシア系の人々が多く美人が沢山いるということで有名なせいか人気は衰えていない。また、当協会が二〇年以上にわたって活動を続けてきたことによる記念旅行だったこともあり、各地の暖かい歓迎会は、旅行参加者たちにとっても驚きの連続だったようで、「こんなに一生懸命歓迎してくれる旅行会は初めてだ」という声が多数聞かれた。

また最近は日本の中小企業や個人経営の人々がウズベキスタンに注目し、ビジネスをできないかと考えている人も増えてきたようで、その問い合わせも多くなっている。こうした質問や今後のビジネスを考える人達には、元兼松の商社マンでロシア、ウズベキスタンに約五年ほど駐在した経験のある当協会理事の重松和英氏が元兼松の商社マンでロシア、ウズベキスタンに計五年ほど滞在していた経験があることから親身に相談に乗ってくれている。主催セミナーでは、これまでに日本、韓国、中国企業などの進出戦略の違いや今後の中央アジア市場の魅力、ビジネスの可能性などについて語ってもらっている。

協会設立からの約三〇年間の歳月に想いをはせると、当初はそれほど知られていなかった中央アジアの存在と魅力、将来性が、この約三〇年間で様々なイベントやウズベキスタン旅行、留学生や在日ウズベク人との交流会、いくつかの勉強会、ウズベク語講座などを続けていくうちに多くの人に認知される存在になってきた。新年会には在日ウズベキスタン大使館から素晴らしい料理の差し入れがあることで日本人参加者に喜ばれているし、今回の新型コロナウイルス感染症拡大ではウズベク大使館から支援の要請があり、会員や旅行参加者に募金を呼び掛けたら一ヵ月もしないうちに約三〇万円の寄付が集まり、ウズベキスタン側に喜ばれたりしている。いまや当協会はボランティア活動などを通じてウズベキスタン側と最も厚い信頼関係を持つ団体になったと自負できよう。

協会は世代交代がありながらもなお約二五〇人の会員がいる。ホームページを見ていただくとお分かりになるが、毎年十数種類のイベントを開催し、好評を得てきた点も長く続いた要因かと思う。

協会設立当時は、二〇年以上も活動が続くとは予想もしなかった。しかし様々なイベントを毎年数多く続けてきたことや、日本語の上手な留学生が沢山いて日本人との交流がスムーズに進んだこと、中央アジアに思いを感ずる人が多かったことなどが長続きした原因だろう。また記念旅行で訪れてみると、古代からの素晴らしい世界遺産などが沢山あり、中央アジアと日本のつながりも感じられる。地理的には遠いが、青の都、シルクロードといった言葉にロマンを感ずる日本人が増えており、最近はウズベク人と結婚する日本人も増えている。新年会や桜を見る会、総会などに参加しながらぜひ中央アジアの新たな魅力に触れ、新しい日本とウズベキスタン、中央アジアの交流に興味と関心を持ってもらいたいと願っている。私は、二〇二三年に会長を退任。後任には経済産業省出身で、ウズベキスタン大使も務められた加藤文彦氏が就任して下さり、今の私は加藤氏を手伝う役を負っている。加藤氏はご夫婦でウズベクファンであり、新しい企画などを次々仕掛け始めている。

二、テレビ、ラジオの世界へ

ラジオの面白さを知る

フリーになって、私はしばらくの間は雑誌のコラムや小論文を書くことで時を過ごしていた。ラジオ、テレビの世界に入るきっかけはまずラジオから声をかけてもらったことだった。毎日新聞を退職した直後に、ニッポン放送の朝の人気番組だった「お早う！中年探偵団」のコメンテーター役を頼まれたのだ。「お早う！中年探偵団」は、ニッポン放送のアナウンサーだった高嶋秀武氏が軽妙な語り口で前日から当日の政治や経済、社会情勢などを紹介するニュース番組で、午前六時から始まる生番組だった。

私は朝が弱いので、「えっ、朝の六時からニュースを流して聞く人がいるんですか」と尋ねた。するど高嶋氏は

「最近は通勤に一時間から一時間半以上かかる人が多いので、出勤前にニュースをチェックする人が増えているんです。中年探偵団は早朝に最も聞く人の多い高聴取率番組なんですよ」

と、サラリーマンの朝の時間の過ごし方を教えてくれた。八時半位までに会社へ出勤するには郊外に住む人々が七時前にニュースを頭に入れておきたいのだという。会社に着くと、大体どこの会社も前日と当日のニュースについて簡単な話し合いがあり、その知識を元に一日の動きを決めることが多いので、朝のニュースはサラリーマンにとって重要なのだ。また七時前というと新聞朝刊が届いていない家も結構多かったので、朝のラジオの短いニュースのお知らせとそのひと言コメントはサラリーマンや会社経営者にとって便利だったようだ。

私は夜遅くまで翌日の朝刊の仕事やチェックがあったので、朝の起床はいつも遅く、一般サラリーマンの朝の動きの把握には鈍かったため、高嶋さんの説明は非常にわかりやすく納得がいった。

「わかりました。でも六時からスタートのニュース番組というと、五時頃には局入りする必要があるし、そんなに早く新聞などを入手できるんですか」

「新聞社と特別契約して五時前には各紙を入手し、放送前に一応目を通せるようにしてありますから、その点は大丈夫です」

そんな説明を受けて私は「お早う！中年探偵団」のコメンテーター役を引き受けた。その日の朝刊の中から高嶋氏が選んだ政治や経済、国際ニュースなどのコメントを手短に話す役割を担ったのだ。ただ数十秒から一〜二分でニュースのコメントのキモを伝える難しさを知ることにもなった。この「お早う！中年探偵団」は約二〇年間続いた長寿番組となっていった。ただ私は当時、ＴＢＳとも契約しており、ＴＢＳがＮＨＫを退社してＴＢＳに移ってきた森本毅郎氏のラジオニュース番組「スタンバイ」を新たに九〇年四月より開始することになったため、そちらに移らざるを得なくなり、高嶋氏には途中で不義理をする結果となってしまった。

「森本毅郎・スタンバイ」に誘われる

「森本毅郎・スタンバイ！」は、午前六時半から八時半まで続く長時間枠で「ニュース読みくらべ、現場にアタック、日本全国八時です」といったいくつかのコーナーを持つ大型ニュース番組である。この番組時間帯は、一、二年後にはニッポン放送と追いかけるＴＢＳラジオがガッチリ四つに組んで戦う朝の〝ラジオ戦争〟の様相を呈するホットなニュース時間枠となっていった。

森本氏は、ＮＨＫの顔として知られており、特に独特な語りと聞きやすい声や調子による、朗読・ナレーターは〝絶品〟でファンが多かった。その森本氏がＮＨＫを辞め、ＴＢＳラジオのニュース番組を持つことになり、私は火曜日のコメンテーターになって欲しいとプロデューサーから依頼が来たのだ。「毎日新聞」とＴＢＳは昔から株を持ち合うなど、いわば親戚関係にあり、毎日出身者はＴＢＳに出演することが多かった。資本関係からいうと、日本テレビは読売新聞、テレビ朝日は朝日新聞、フジテレビは産経新聞、テレビ東京は日本経済新聞などといった色分けになっていた。

ラジオやテレビ業界には、出演している同じ時間帯の他局の番組には出てはいけないという〝約束事〟もがある。中年探偵団とＴＢＳの新番組は、まさに同時間帯に放送する似た性格を持ったニュース番組となる可能性が強かっただけに悩ましかった。もはや私の手に負える状況ではなくなってきたので両社のプロデューサー同士で話し合ってもらうしか方法がなくなり、私の身柄は話し合いに任せた。本来なら私自身が決断すべき問題かとも悩んだが、私がフリーの道を選んだ時、最初に声をかけて頂いた上、高嶋氏の人柄にも好印象を抱いていた。一方、ＴＢＳとは毎日新聞時代から多くの知人、友人がいて毎日新聞を退社した際も親身になって契約してくれた親切さや有難さが忘れ得ず、自ら決断しないことは無責任かなとも考えたが、結局両社のプロデューサーの話し合いに任せるしか選択肢がなかったというのが実情だった。私にとっては、極めて贅沢な悩みとも思えたが、「毎日新聞」とＴＢＳの企業同士の親密な関係もあったことなどから結果としてＴＢＳの番組へ移籍することになったのである。

森本氏はテレビやラジオのメディアとしての本質を知り抜いており、まさにプロの仕事師だった。森本氏は放送一時間半ぐらい前に局入りすると、朝日、毎日、読売、産経、日経など全紙に目を通し、気になる箇所は赤鉛筆で棒線を引いて読みこなすスタイルだった。コーヒーを飲みながら大体一時間位でその日のニュースのポイントを頭に入れ、そのニュースの歴史的経緯なども踏まえて各紙ニュースの読み比べやコメンテーターと話す骨格を決めているようだった。

特にこのニュース読み比べコーナーは圧巻で、各紙の特徴と違いをわずかな時間で読み解いてしまうので、聴衆者にとっては大きなニュースの中味と各紙のとらえ方の相違がわかりやすく頭に入ってくるし、コメンテーターにとっても大いに参考になったものだ。ひと通りの準備が終えると、ゆったりとし、ディレクターやコメンテーターと雑談をしながら開始時間を待つという具合だった。ニュースは連日にわたって続くものやその日に突然飛び込んだ新しいネタも少なくないだけにその包丁さばきが難しい。だが、森本氏は三〇、四〇分集中して読んでいるうちに数本のニュースの全体像と本質、突っ込み所などを頭に入れ整理し終わっていることが、傍からみていても読み取れた。それだけに解説する側にとっても緊張感のあるコーナーだった。

森本氏は一九三九年生まれで私より三歳年上だった。六三年にＮＨＫに入局し、一九八〇年からＮＨＫのニュース看板番組「ＮＨＫニュースワイド」のキャスターを務め全国に知れ渡っていた。八四年にニュースワイドを卒業すると、そのままNHKも退職しフリーとなり、主としてTBSを舞台に活躍。二〇〇七年以降はTBSテレビ（噂の！東京マガジンなど）、ラジオの番組の専属となった。

森本氏は、ひと言でいうなら〝硬派〟の人だった。NHK時代は組合（日放労）の専従だったこともあり、組合時代の話をよく聞いた。考え方が左派というのではなく、〝筋〟を通す人という印象だった。アナウンサーという職種は、どちらかというと軟派風にみられたり、自分の意見を主張するタイプには思われていないが、森本氏は自分の考えを持ち右顧左眄することを潔しとしない性格にみえた。そのことでNHK時代は上層部と対立することも少なくなかったらしい。

私はそんな森本氏と何となくウマが合う感じを持っていた。例えばゴルフだ。森本氏は当初、ゴルフを嫌い、ゴルフをする人間を白い眼でみる雰囲気を漂わせていた。私も昔、同じような態度をとっていたのでその気持ちはよく分かった。しかし、一度やってみて緑の芝の上で汗をかき、友達とスコアを争う楽しみに魅了されると、一時は病みつきになった。特にワシントン特派員だったころは、ワンラウンドを一〇ドル以下でまわれるゴルフ場がいくつもあり、しかも二〇分以内で行ける所が数多くあったので、すっかりゴルフに取りつかれた。森本氏にもそんな経験を語り何度か誘うようになった。

もちろん、最初はボールを左右に飛ばし、ＯＢも多くスコアは散々だ。ところが森本氏はいったん凝り出すと、練習を厭わず、ゴルフの本を読み研究に熱を入れ出すのである。ニュースの勉強などの時と全く同じなのだ。したがって、あっという間に上手くなり、スコアは一〇〇を切り、九〇を切り、七〇台にまで伸ばしてしまう。私は瞬く間に追いつかれ、追い越されてしまった。ただ一つ、私はホールインワンの経験があったので、負けると口惜しまぎれに「早くホールインワンクラブに入って下さいよ」と憎まれ口をよくたたいていた。

ところが二〇〇八年七月に森本氏はそのホールインワンをやってのけてしまった。当時の葉書を記念にとってあるのだが、そこには次のように書かれていた。

「私には縁のないもの、と思っていたホールインワンが梅雨の晴れ間に飛び出しました。七月五日、箱根カントリーの二番ホール、一三〇ヤードのハプニングです。これまでは何故かゴルフ仲間のホールインワンに立ち会うことが多く、嶌信彦氏もその一人。〝まだかい。ホールインワンクラブで待ちわびているよ〟と揶揄され続けていました。これでやっと入会できるので、ホッとしています。これからも警戒せずにお付き合い下さい」

以来、森本氏をしのげるものは何も無くなってしまった。そればかりではなく、私はスタンバイの開始以来二七年間出演し続けてきた番組を二〇一七年三月末に降板を申し出た。突然、パーキンソン病を患ったためだ。日常生活に不便はないのだが、反応が鈍くなってきた自分を何となく自覚しはじめたのである。ラジオでやり取りする恐さは、一瞬の〝間〟が空くことだ。これまではキャスターから質問されると、その間に回答を頭の中で整理し直ちに答えていたので〝間〟の空く恐さなど考えたことはなかった。それがパーキンソン病と言われてから、ぱっと言葉が出なくなり〝間〟の空く恐怖を感じ出したのである。実際には、間を空けるようなケースは一度も経験しなかったが、病気の進行で生放送中にそうしたことがあり得ると考え、迷惑のかからないうちに身を引いた方がよいと思った。森本氏らスタッフは

「そんな兆候はみえないし、大丈夫でしょう」と、突然の申し出にビックリしてくれていたようだが、みっともない状況に陥って降板するよりきれいに辞めておいた方が迷惑をかけないし自分の身のためだとも思った。幸いその後の病気の進行はなく落ち着いているが、歩き方や身のこなしが遅くなっているので、やはり引き時の判断はよかったのではないかと思っている。

それにしても、森本氏との二七年間にわたるラジオの経験は貴重だった。私は記者あがりの〝文字人間〟として育ってきた。わかりやすい端的な良い言葉を見つけることは、文字の場合も話す場合も同じなのだが、その的確な言葉を一瞬の間に生み出せるかどうかは、文字とラジオでは雲泥の差がある。文字ならじっくり考えて良い言葉をみつけ出せば良いが、ラジオでは一瞬の間に

口にできる言葉を豊富に持っていなければ良いキャスター、コメンテーターにはなれない。ラジオやテレビの経験は、同じメディアとはいえ全く異なる方法に依存していることを改めて思い知ることが出来た。そうした視点から、今でも時々スタンバイを聞いていると、森本氏の豊富な言葉使いや間のとり方、耳障りのよい声と語り口などが実に見事に自然に出来ていることを伺い知る。

言葉を〝つむぐ〟という意味では新聞もテレビ、ラジオも同じだが、表現手法が違うと全く違うメディアなんだな、と思い知った。それまではテレビ、ラジオとも適当に気の利いたことを語っていればいいのだろうと、感じていたが、いざ自分が出演する立場になって、同じメディア媒体ながらまるで違った媒体であることを二、三日もしないうちに知ったのである。それからは、どんな言葉づかい、話し方などがラジオに適しているか、などということを考えるようになった。

私はその後、テレビにも出演するようになったが、テレビはまたラジオとは違った表現媒体であることを知った。テレビの場合は、映像があるので多少、〝間〟が空いても視聴者は映像をみていれば、一瞬の間の空きなどあまり気にしていないのだ。また出演者からすれば、映像が出ている間にメモに目を落とすこともできるのでずっと楽になる。ただテレビの場合は、一挙手一投足、服装や整髪具合なども全部映し出されるので、カメラが自分を映しているとわかった時は、姿勢を正し、目線はカメラとしっかり向き合うことなどを気を付けないと全てをさらけ出してしまうので、やはり、かなり神経を使うことになる。テレビだと、場合によっては膝から下を映すこともあるので、もちろんサンダル履きで出演するわけにもいかないし、服装についても、出演者全員が同じ色というわけにもいかないので、スタイリストがついて全体のバランスを考えるというようになっている。こうした違いは、モノ書きとして生きてきた私にとっては、驚きだったし、それ以来テレビを見る見方もかなり変わったように思う。こうして私は、モノ書き時代と違うラジオ、テレビの表現方法の違いに少しずつ慣れていった。と同時に新たな媒体との出会いは新鮮でもあった。

「ブロードキャスター」が大人気に

次第に、いくつかの朝や昼の番組からキャスターやコメンテーターのオファーを受けるようになった。朝、昼の番組になるとワイドショーが中心だった。私はワイドショー番組をほとんど見たことがなかったので、二、三の番組をゆっくり見てみた。すると、コメントを求められる内容はニュースだけでなく、芸能や事件、料理、ファッション、スポーツなど多岐にわたることがわかった。私は経済部を中心に経済・政治や文化、国際問題を中心に取材してきたので芸能やスポーツ、ファッションなどの話はとてもムリだと思った。また生半可な常識で自分の知らない分野をコメントし、ワイドショー文化にはまっていくことも自分の生き方には合わないと思った。このためワイドショー全体のキャスターやコメンテーターは全てお断りし、なるべく経済・政治や文化、国際問題などに限った硬派の分野の時間枠だけを引き受けることにした。ワイドショーには様々な分野のタレントや有名人が登場し、それはそれで面白そうではあったが、そうした番組に入り浸っている私を友人たちが見たら「何をしているんだ、シマも堕落したな」と思われるのがオチだろうと思った。だから番組に出る時は、そのケジメだけは忘れないようにしようと心に決めた。そしてそうした方針を頑なに守っていると、少しづつではあるが各テレビ局などから硬派ものの取材や出演依頼が来るようになった。

それらの中でも出演を引き受けるかどうかでギリギリまで迷ったのが、土曜日の午後十時から十一時半まで放送する長尺番組の「ブロードキャスター」だった。夜のニュース番組は久米宏氏が司会するテレビ朝日の「ニュースステーション」が徐々に視聴者を増やし、二年目には常に十五%前後の視聴率を取るようになっていた。民放では、長く「報道のＴＢＳ」といわれてきたが、次第に久米氏の軽妙な語り口と時々、皮肉を効かせたテンポの早い番組づくりが人気となり、民放ニュースを目指す大学卒の受験者数もＴＢＳを抜く勢いにあった。「報道のＴＢＳ」としてはニュースステーション・テレ朝報道に後れをとることは何としても誇りが許さなかったようだ。

そこでＴＢＳがニュースステーションの一年遅れで立ち上げようとしたのは、報道局を中心にニュースステーションの真似にならず、しかも二ケタの視聴率の取れる番組を同じ夜の十時の時間帯にぶつけるという構想だった。番組名を「ブロードキャスター」（当初の番組名は「プライムタイム」（後に「ブロードキャスター」と番組名を変更）とし、キャスターにはＮＨＫの朝の〝顔〟からフリーとなりＴＢＳに移籍してきた森本毅郎氏を据え、アシスタントにＴＢＳの三雲孝江アナ、ニュースの読み手には柴田秀一アナウンサーが座ることになった。またテレ朝との違いを出し、ＴＢＳの取材力の厚さを視聴者に見せるため政治部、社会部、外報部などの選抜きの記者四、五人を準レギュラーの出演者として常時、リポーターとして登場することになっていた。視聴者にニュースへの信頼度、安心感を持ってもらうことが狙いだった。と同時に報道局各部のエース記者を準レギュラーとして毎回交代で登場することになれば、報道局全体も夜のニュースに全面協力してくれるだろうという思惑もあった。

私はこの「ブロードキャスタープライムタイム」の構想がスタートする前に毎日新聞を退社し、原稿連載とラジオ出演などでフリーの道を歩きだしていた。その頃、ＴＢＳラジオにも出演したりしていたことやTBSの記者仲間は記者クラブやワシントン特派員として一緒に仕事をした顔見知りも多かったせいか、「ブロードキャスタープライムタイム」の議論に参加してくれないかと誘われた。テレビのことは全く知らなかったがテレビ番組を作り出すときには、どんな議論をし、どんなことが焦点になるのか興味深かった。映像があることは活字だけの新聞や音だけのラジオとも違い、作り方や演出法も違って勉強になると思い会議に何度か出席した。

会議には三〇～四〇人のプロデューサー、ディレクター、出演予定者、スタッフが参加しており、キャスターとなる森本、三雲孝枝氏らもいた。私は隅の方に座り「ああ、あの人が有名な森本さんか」などと周囲を見渡しながら議論を聞いていた。議論は番組コンセプトの中心を〝ニュース中心〟にするか、ニュースに味付けをし〝番組色〟を出した方が良いかということに分かれていた。ニュース中心になると民放の五時～六時台の焼き直しになるうえ、NHKの「ニュースセンター九時」のニュースとかぶってしまうことが増え新味が出ないだろうという意見が多かった。

「嶌さんはどう思う」と突然聞かれることも多かった。

「番組的な演出というのがよくわからないんだけど、それは朝や午後にやっているワイドショー的な事を指すんですか」とテレビ事情やテレビ用語をはっきり把握できていない私は、よく番組的演出の意味を図りかねて何度か聞いたりしたものだ。

「番組作りというのは、ニュースをそのまま読むのではなく、視聴者にわかりやすく理解してもらうため、いろいろ工夫を凝らす演出法のあり方だと思ったらいいんじゃないかな」

「ふーん、すると例えばイソップ物語などを例えに出してニュースを説明するなんていうこともその一つ？」

「それもあるが、正当なニュース映像では使いにくいが、笑えるような面白い映像やちょっと刺激的な映像を使って視聴者の興味を引くケースなんていうのはよくあるし、ニュース自体を過去の似たような歴史と重ね合わせて作ったりすることも結構あるね。いわばニュース物語を作ることでわかりやすく親しみをもってもらうと言ったらいいかな。ま、テレビのワイドショーなどではそんな手法を多く使うから今度見てみたらよくわかると思うよ」

「番組派にするかニュース派中心にするかというのは、結構大変なことなの？」

「伝える本質は同じなんだけど、見せ方が違うということかな。ただどう見せるかはディレクターの腕にかかっているんだ。あまり柔らかく作りすぎるとバラエティー番組みたいになっちゃうしね」

このニュース色を強く出すか、番組色を色濃く出すかという議論は、報道局でニュース中心に追いかけてきたディレクターやスタッフにとってはかなり重要なことで、何度もこの議論は繰り返された。私は番組がワイドショー的になることはあまり好まなかったが、新しい「プライムタイム」では毎日放送しているワイドショーもニュースの一つとして番組の中で見せようということだった。そこで私は

「サラリーマンは、午前や午後に行なわれるワイドショー番組はほとんど見ていないので、新聞の週刊誌広告などを見て何となく内容を想像しているんだと思う。だったら〝お父さんのためのワイドショー講座〟といったコーナーを設けて、一週間の各局のワイドショーの内容を放映した時間別に並べて順位をつけて十五分ぐらい見せたらどうか。すると一週間のワイドショーの中心が何だったかよくわかるんじゃないかな。」と提案した。同時に

「〝お母さんのためのニュース7ｄａｙｓ〟というコーナーも作って、ワイドショーをよく見ているお母さんがワイドショーの中身をお父さんに説明してあげてる代わりに、ニュース講座はお父さんがお母さんのために解説してあげるようにしたら土曜の夜の夫婦の会話にはいいんじゃないの」

と述べたら何人かの参加者が

「そのコーナータイトルは面白いかもしれない」

と賛同してくれた。実はこのアイデアはその後、私も出演することになった「ブロードキャス

ター」の人気コーナーとなった。特に「お父さんのためのワイドショー講座」は、タレントの山瀬まみさんが仕切りをして午後十一時五分位前からコマーシャルを入れずに十分過ぎまで十五分位放映し続けたから、他局の十一時前後のCM時間帯を見たくない人がチャンネルをTBSに合わせてくれたので、視聴率はいつも二〇%前後まで伸びた。番組の目玉役を果たしたし、山瀬さんの独特の口調と飾りっ気のない人柄も人気となった。

テレビ映像の凄さ

ニュースの番組的手法というのも、びっくりすると同時にテレビの見せ方に改めて感心した。例えば「百億円が盗まれた」というニュースをアナウンサーが口で説明すると、その百億円をスタジオに積み重ねて見せるという演出を行なうのだ。スタジオの一部を使って一万円札を縦、横に重ねて並べると確かタタミ十畳分くらいの広さの場所に天井まで積み上がる位の分量になる。その積み重なった一万円札をクレーンを使って上から撮影すると、とんでもないカサになり、百億円の凄さを目と肌で実感できるのである。むろん本物の一万円札は撮影で映る一番上に十畳分だけおいて、下はワラ半紙を一万円札大に切ったものを積み重ねてあるという仕掛けだ。このスタジオの十畳分くらいに一万円札の束を天井まで積み上げた光景は圧巻だった。百億円の量と凄さがよくわかるし、それをはこぶのは容易でないことも実感できるのだ。

こうした演出はスタジオだけでやるわけでなく、海外が舞台になっている時は、ロンドンの銅の取引所の現場に行って取引の様子を見せたりした。築地の魚市場で魚の取引をしている映像をよく見たが、銅の取引所の値付けは一体どこで、どのようにして行われているかについて、わざわざロンドンまで行って撮影してくるのである。すると銅の取引実態を知ることが出来るし、銅取引のリアリティーも出てくるということになる。

こうしたことは新聞の活字やラジオの放送ではなかなかリアルに表現できない。それをテレビ的映像で見せると、面倒な説明もなく一目瞭然にわかってしまう。テレビの力とはこういうものかと感心してしまった。と同時にテレビはカネがかかるという実態もそうした演出をみるだけで氷解することになる。

「ブロードキャスタープライムタイム」のコンセプトを協議する場に出ていて、そうした具体例を次々と聞かされたり見たりしているうちに、テレビの魔力や演出の多様さ、奥深さなどに驚愕してしまった。しかも演出のアイデアは考えれば考えるほどわかりやすく面白いシーンが作り出せるということもわかってきた。

そうした会議が終わると、三々五々に分かれて部屋を出て帰るのだが、二、三回目の会議が終わったある日、森本氏がスーッと側にやってきて

「シマさん、僕と一緒に出演してコメンテーターをやってくれない？」

とつぶやかれた。私はびっくりして

「僕はテレビに出たこともないし、短い言葉で気の利いたコメントなんてできませんよ」

と断った。すると

「テレビはすぐ慣れるし、失礼だったけどシマさんのことはマスコミの知り合いにいろいろ聞いて調査したんです。大丈夫やれますよ」

「でも番組は森本さんと三雲さんで仕切るとプロデューサーは言ってましたよ」

「いやー、そうなんだけど自分の経験からすると、一つの出し物が終わると、そこでちょっと感想を述べたり、やり取りする相手がいた方がスムーズに放送が進むんですよ」

「そんな難しい相手役は僕じゃとてもムリですよ」

「まあ、そういわず返事は、今すぐでなくてもいいですから考えといて下さい」と言って離れていった。

それまで森本氏とは個人的にお付き合いしたこともなかったし、他人を通じて紹介されたこと

もなかった。それだけに突然、大事な役割を振ってこられたことにびっくりしたのである。

するとニ、三日してから、プロデューサーからも「シマさんコメンテーターとして出演お願いできませんか」と聞かれた。多分、森本氏がプロデューサーからも口を利いて欲しいと頼んだのだな、と察しがついた。こうして私は否応なしに「ブロードキャスタープライムタイム」のコメンテーターに出ることとなってしまったのである。それは私にとって初めての本格的テレビ出演の始まりだった。しかも、練習なしのいきなりの本番ぶっつけだった。私は「練習テストはしなくていいんですか」と聞くと、森本氏は「変に練習して失敗したら困るから、いきなり本番でやった方が引っ込みもつかなくなるし、すぐ慣れるからそっちの方がいいんですよ」と言われた。後で聞くと初めての人を使う時は何回か練習して注文を付けるのが普通のようだった。森本氏は、どうも練習で私が大失敗をやらかして、スタッフから懸念されるのを嫌い、練習なしで本番に突っ込もうという考えだったと後から聞いた。

ただ私は初めてのテレビ放送だったがアガるということはなかった。学生時代に学生運動の中心的役割をはたし、散々大勢の前でアジ演説などをやってきたせいかもしれなかった。それでも最初の会話は今でもよく覚えている。

「シマさんの嶌という字は珍しい字ですね」と聞かれたのだ。

「ええ、普通は島、嶋という字が多いんですが、ヤマ冠にトリという嶌は元の字なんです。中国の辞典や漢和辞典や中国の辞典にもちゃんと載っています。上の山が横にきて嶋になり、その山が鳥の中に入って普通の島になったみたいですね。大昔には鳥の下に山を書く嶴もあったようですが、座りが悪いので普通の島になったみたいです。私の嶌も珍しいからよくヤマドリさんとかクサ冠と間違えて蔦・ツタさんなんて呼ばれました」

「じゃあ今日からコメンテーターはヤマ冠の嶌さんでお願いします」と紹介された。最初に名前の話を持ち出したのは私を落ち着かせるためだったんだな、と感じた。人間観察が鋭く、物事の本質を見る眼力も深くて、ズケズケとモノを言う硬派の率直な人だなというのが第一印象で、何となくウマが合いそうな出会いだった。森本氏とは以来、ラジオなどもご一緒し、三十年の付き合いとなる。人間とは不思議な縁から長くつながるものだと思う。

高視聴率番組の恐さ

「ブロードキャスター」は、テレビという媒体の持つ魅力を知る上で非常に面白かったし勉強になった。私の役割はコメンテーターという役割もあったが、毎週の硬派なニュースのネタとその切り口を提案することにあった。土曜日の夜が本番だったので、毎週火曜日午後の会議で週末に取り上げて面白そうな材料を出してプロデューサー、ディレクター、作家さんと呼ばれる人達と大ざっぱな粗ごなしの議論をしておき、木曜日午後になると、「お父さんのためのワイドショー講座」「お母さんのためのニュース講座」の内容を決めたのち、政治や社会、経済、国際ニュースなどの材料を出し合ってどのように面白くみせられるか、どんな切り口がよいかなどの議論を行ない、映像をどうするかなどについて細かな打ち合わせをした。金曜日は議論に基づいた取材を行ない、土曜日は昼頃からプロデューサー、ディレクター、作家さんが出来上がったVTRを見て更に細かい注文を付けて番組に仕上げるというのが工程だった。土曜日夜十時からの番組なのに本番三十分位前まで仕上げに念を入れていた。時には時間に間に合わず、VTRの放映順を変えてまで仕上げにこだわっていた。そんなこだわりが番組の質をどんどん上げて視聴率向上にもつながっていったように思う。

「ブロードキャスター」の構成は、番組の責任者であるプロデューサーが一人、政治や経済、国際問題、社会などの各分野で作る番組的ニュースが三、四本あり、それぞれにディレクターとAD（アシスタントディレクター）二、三人がついた。そのほかに定番のワイドショー講座、ニュース講座を三、四人がかかりきりで作っていたから、それに補助員も入れると四〇〜五〇人の大所帯となった。ただそれぞれのニュースについての専門家は殆んどおらず、皆で議論しながらテーマを煮詰めるというやり方だった。新聞社の場合は各専門の取材者がいたがテレビは全く違った。例えば九二年九月十二日に放送した構成表を見ると、

まず貴花田が武蔵丸を破って二度目の優勝を飾った映像をたっぷり見せた後、元関脇の蔵間氏が解説。ゲストに弁護士の福島瑞穂氏と谷村新司氏が感想を述べプロ野球ニュースへと続く。プロ野球は数試合を残して巨人、ヤクルト、阪神が大詰めの攻防を続けていたためスポーツニッポン紙の大隅潔氏を招いて優勝予想に時間を割いた。この後一週間のニュースをまとめた「7days」と続き、政治ニュースには金丸信自民党副総裁の政治資金規正法違反の疑いと金丸氏の出した上申書を巡り「上申書」とはどんな効果があるかについて政治解説と議論。最後は貴花田優勝の街の声を特集して終了となっている。

またこうした番組の特徴として作家さんと呼ばれる映像の構成やナレーションの文章、音楽の選択などを考えるプロの構成作家のベテランがコーナー作品毎についていた。「ブロードキャスター」の場合、政治や国際問題になると和泉二郎氏、山本喜浩氏ら、ワイドショーには浜田悠氏ら、ニュースには日野原幼紀氏らといったシナリオを書く作家さんがつき、新聞記者あがりの私にとっては不思議に見える存在だった。こうして各担当ディレクターとそれぞれの作品につき作

家さんが番組内容を詰めプロデューサーが総括して見るという仕組みだった。私はコメンテーター役をすることになったが政治や経済、国際情勢ニュースなどの内側やエピソード、経緯などを説明し、取材先にはどこの誰が良いかについてこれまでの経験から得た人脈などを知っている限り伝えた。私にとってはコメンテーターよりもその討論の方が面白かったし、番組の役にたったのではないかと思っていた。このため火曜日の会議の前には、今週はどんな番組ネタがあり、どんな切り口で誰の所に取材に行ったら良いかを考えることがメインの仕事のようになった。

新聞記者の時は、ニュースの本質となる見出しを考え、それにデータや取材先の話などを入れて文章を作っていたが、テレビだとまずどんな映像が取れるか、という所からスタートし、その映像を中心にニュースの筋を作っていくという方法をとる場合が多かった。また良い映像がなかったり、映像だけではわかりにくい時は、それこそイソップ物語やグリム童話など視聴者がよく知っている寓話などを活用してわかりやすい話に仕立て上げることもあった。私は三〜四ヵ月ほど会議に出ているうちにテレビ的手法がだんだんわかってきて、テレビと新聞の相違が見えて興味深かった。新聞の場合は政治、経済、社会、国際ニュースなどはそれぞれ専門の部があり、それこそ十年以上にわたりその道を取材してきている専門記者が書くが、テレビの番組作りは一回ごとに番組の内容が変わりその都度対応してゆくので系統立って専門的な事を迫っている専門家は少ない。記者時代は、テレビ作りの人間は何でも屋ではあるが何か少し軽く見えたりしたのは、そもそも新聞とテレビの手法そのものが違うのだという点に気づかされたりした。

生番組でケアレスミス

私は「ブロードキャスター」に七年強出演した後、降板を申し出た。きっかけは私のケアレスミスだった。四国のある会社についてコメントした際、○○△△××社をフリップにした時、省略して○△×社と書いて画面上で見せた。新日本製鉄と書くところを略して新日鉄と書くケースはよくあることだ。社名が長いと略し、日本軽金属を日軽金と略して書いたり、言ったりする場合と同じである。私は四国の中小企業についてコメントしたのだが、実は同じ社名の会社が東北地方にもあり、その企業からクレームが来たのである。フリップに正式な社名を書いておけば問題なかったのだが、略して○△×社と書いたため、ある東北の中小企業が自分の会社のことを言われたと思い番組に電話してきたのである。確か、その会社をホメる話ではなく悪い例として挙げたため、同じ社名の東北の企業は視聴率の高い全国放送で悪く言われたと思いクレームの電話をかけてきたわけだ。私は略してフリップに書いた時、上場企業ではなかったので東北にも似た名前の企業があるとは知らずに気が付かず、本番前にフリップを点検していなかったために起こった〝事件〟だった。番組プロデューサーは代表して電話で謝罪し翌週の番組で訂正を行なうと説得したが、相手は直ぐには了解せず、本当に四国の方に同じ会社名の○△×社という企業があるのか、などと聞いているようだった。

私はその電話のやり取りを横で聞いており、フリップに書いた同名企業が他にあるかどうか事前に確かめておくべきだったなと自らの点検の見落しを恥じる思いで聞いていた。私自身が電話に出て「略して書くと東北と四国の企業が同一名になることに気づかず申し訳なかった」と言おうとしたが、プロデューサーが電話に出ることを止めたので、結局その場のやり取りに私が出る機会はなかった。新聞だったらゲラ刷りで発見できただろうが生放送中に喋り、しかもクレームが放送後に来るとなると放送中に訂正することはかなり難しくなる。

私はこのケアレスミスで〝テレビの生放送は本当に怖いなと〟心底感じた。しかも視聴率の高い番組だけに東北の企業も放っておけないと感じたのだろう。自分の会社を良く言われず、悪く言われたと思えば当然ながら文句をつけたくなるのは不思議ではなかった。

テレビの発言でクレームをつけられたのは私にとって初めての経験だった。新聞で言えば見出しで間違いを犯したのと同じようなものだ。プロデューサーと相手企業との電話のやり取りを聞いているうちに、自分は七年も続けているうちに気の緩みが出て点検を怠ってしまったな、と忸怩たる思いを全身に感じ、そろそろ引き時かなと強く思った。しばらく考えた後にプロデューサーに「記者としては同名のフリップを出したことは恥ずかしい誤りだったので、番組から引かせてもらうよ」と告げた。プロデューサーは「こうしたことは時々ありますからそこまで責任を取る必要はないですよ。番組として相手企業ともう一度きちんと話して誤解のないようにしておきますから」とむしろ私の〝身を引く〟という発言にびっくりしたようだった。

しかし、私としてはフリップをチェックできなかった反省もあったが、番組に疲れてきたなという思いも強かった。高視聴率番組で毎週土曜日にテレビに顔をさらしていると、いつの間にか一般の人にも顔と名前を覚えられてしまい、電車に乗ったり、街を歩いているとよく声をかけられるようになっていた。声をかけられることは決して不快ではないが、常にだれかに見られているようで何となく落ち着かない気分になっていた。それに私はテレビで食べていくという気持ちよりもやはり文章で身を立てたいという気持ちの方が強かった。名前が知られることは決して悪い気はしなかったが、こうしたミスを犯すようになったのは、〝そろそろ辞め時だ〟という天からのお告げかもしれないなと思うと、きっぱり決心がついた。こうして私の「ブロードキャスター」の七年余の出演は終わりを告げたのだった。「ブロードキャスター」を辞めた後もラジオやテレビの朝の経済番組のコメンテーター役はその後も十年以上続いたが、一〇%以上の視聴率が無ければそう注目されることはなかった。

三．エリツィン氏と二回、六時間対談

フリーになってからまもない一九九〇年一月に、私はロシア共和国の大統領となるボリス・エリツィン氏と二回にわたり約六時間の対談を行なう機会に恵まれた。確かＴＢＳが招待した時で、エリツィンはソ連経済が発展するヒントを日本経済の成長・発展の秘密から知りたいようだった。エリツィンは来日五ヵ月後の九〇年五月にロシア共和国の最高会議議長（実質大統領）に就任するのだが、来日時はゴルバチョフ書記長の改革の遅れを強く非難したりしていたためモスクワ第一書記や政治局員候補からも解任され、厳しい状態におかれていた時期だった。

しかし改革派のリーダーとして巻き返しを狙っており、対談した時もエネルギーにあふれ、返り咲きに自信満々の様子だった。実際九一年六月のロシア共和国大統領選挙では、五七％の得票率でロシア共和国大統領に就任している。以後、チェチェン紛争で危機にあったり、チェルノムイルジン、キリレンコ、プリマコフ首相らを登用したが次々と解任し、後継の大統領としてプーチン首相を指名し九九年末に引退した。

エリツィンは二回にわたる対談の際、経済成長に必要な自由化や規制緩和の重要性などについて何度も聞いてきたことが印象に残っている。しかし、自由主義経済を経験していないため、自由化や規制緩和への質問も何かズレている印象があり、何度も「何%自由化したり規制緩和すれば日本のような成長が可能になるのか」といった類のことを聞いて答えを知りたがっている様子だった。しかし社会主義経済と自由主義・市場経済の基本が違うので自由化や規制緩和の意味を話してもよく理解されたようには見えなかった。

一方で日本が関心を持つ北方領土の返還については五段階の提案を行ない二〇年ぐらいかけて返還すると公言した。まず世論形成を行ない、第二段階として北方四島の自由経済地区化、第三に四島の非軍事基地化、第四段階の日ソ平和条約の締結を経て第五段階で次世代に解決する提案をしていきたいと述べていたことが印象に残る。この五段階構想は当時の総理だった海部首相にも述べたようだった。ただこの領土返還構想は個人的な〝みやげ話〟として持ってきた印象が強く、その後エリツインが大統領に当選した後には、何となく雲散霧消した感が強い。

エリツィンは一九三一年にソ連邦のロシア共和国に生まれ、ウラル工科大学の建築科を一九五五年に卒業し、建設業の会社に入った。一九六八年からソ連邦共産党の専従活動家党員として活躍し、ブレジネフ書記長に評価されて八一年に党中央委員に昇格、ゴルバチョフ書記長時代に改革派として有名になる。九〇年にロシア共和国最高会議の議長となり共産党を離党、九一年にロシア共和国大統領選に勝って大統領に就任する。ロシア共和国は、面積、人口共にソ連構成国では最大だ。一九一七年十一月七日にロシア社会民主労働党が分裂して形成された左派勢力ボリシェヴィキは、十月革命を引き起こしてロシア臨時政府を打倒し、十一月九日にソビエト社会主義ロシア共和国として成立した。その後、ロシア内戦を経て、一九二二年、ロシア共和国、ザカフカース社会主義連邦ソビエト共和国、ウクライナ社会主義ソビエト共和国、白ロシア・ソビエト社会主義共和国の四ヵ国によってソ連が成立している。

九一年にエリツィンはロシアとウクライナ、ベラルーシのソ連から離脱を計らい、独立国家共同体(CIS)を樹立し、ソビエト連邦は事実上崩壊しゴルバチョフもソ連邦大統領を辞任した。エリツィンはCISで急進的な経済改革を実行し、資本主義への移行を目指したが、価格の自由化や国債の乱発で大インフレを引き起こしロシアのGDPは九〇年代を通じて半減。失業や国民の間に大きな格差をもたらす結果になった。

この経済の悪化で旧共産党の保守派を勢いづかせ、一時は内乱状態のようになるが、旧共産主義へ戻ることを嫌う新興財閥を味方につけ保守派を退ける。九〇年代を通じて首相を何人も解任するが、一九九九年に入るとKGB出身のプーチンを首相にして、二〇〇〇年には二一世紀の新しい大統領が求められているとし、後任の大統領にプーチンを推挙した。これに応じて、プーチンもエリツィンを生涯にわたり刑事罰から免除すると約束した。プーチンの巧みな取引きだった。エリツィンは九九年末に大統領を退任。悠々の年金生活を送った後二〇〇七年に心臓病で死去した。七六歳だった。

エリツィンは大柄で、いかにもロシア人という風貌をしており、親しみやすい好人物という印象だった。しかし、決して弱々しい人物ではなく、修羅場に出ると自ら命を張って指揮するタイプで、まさに〝ロシアの白熊〟の異名がぴったりという感じだった。一九八七年にブレジネフ派の大物リガチョフと対立し、モスクワ第一書記を解任され、さらにその後、政治局員候補からも外される。しかし、こうした苦難の時代にあってもへこたれないところがエリツィンの真骨頂で二年後の八九年にモスクワ選挙区から出馬して当選。政界に復帰する。復帰すると直ちに急進改革派のリーダーとなり、九〇年にはロシア最高会議議長（ロシア共和国）となり、共産党を離党してしまう。さらに九一年の大統領選挙では五七％の得票でロシア共和国初代大統領になる。

エリツィンを有名にしたのは九一年八月にヤナーエフ副大統領らソ連保守派が起こしたクーデターに対し戦車の上から国民にゼネストを呼びかけ、守旧派（保守派）のクーデターを失敗に終わらせたことだろう。その後、ロシア共産党の活動を禁止し、国際通貨基金（ＩＭＦ）と協力し急進的経済改革で資本主義の導入を図った。またアメリカのブッシュ大統領と戦略兵器削減条約を結び西側との関係改善を図ろうとした。さらに一九九三年一〇月反エリツィン陣営は最高会議ビルに立てこもって反乱を起こすが戦車で攻撃し屈服させ、エリツィンに強大な権限を与えるロシア憲法を制定する。その後も新興財閥を味方にし、エリツィンが権力も握り続けるが私物化も横行し政治腐敗が蔓延する結果ともなる。

エリツィンの酒好きは有名で「彼にはウォッカを与えておけば何でもサインする」などと言われたこともある。

私はイギリスのバーミンガムサミットの時にエリツィンも参加していたため、ひと言だけ挨拶した。ニコッと笑って握手をし、「やあ」と言っていたが本当に覚えていたかどうかは定かでない。まあとにかく面白い人物だった。

第六章

ソ連崩壊・東欧革命から「米・中」対立へ

一．激動の八九年　十二月の東欧革命を目撃

ベルリンの壁が完全に崩壊し、東西ベルリン市民が抱き合って喜んだのは八九年十二月末、あのブランデンブルク門を塞いでいたコンクリートに穴が開けられた時だった。私はその日、東ベルリンのホテルに泊まることになっていたが、チェックインする時にホテルのボーイから「今晩、ブランデンブルク門を通さないよう防いでいたコンクリートに穴を開けて壊すそうですから、夜はちょっと音がうるさいかもしれませんよ」と言われた。

ブランデンブルク門は、ドイツのベルリンのシンボルとされており高さ二六㍍、幅六五・五㍍、奥行き十一㍍の古典主義様式の門だ。ベルリン市外に出る時は必ず通過する門で「ベルリンの正門」ともいわれた。フリードリヒ二世の命によって古代ギリシャ風に設計され一七八八年から三年間かけて建設された。大戦中にベルリンの市街戦で損傷し一時廃墟となったが、第二次大戦後は修復され、門は東ベルリン側になり、そのまま残された。

確か夜の十時過ぎ頃だったと思う。ガガガッ、ガガガッという音が聞こえてきた。とっさに、あ

の音はボーイが言っていたブランデンブルク門を塞いでいるコンクリートに穴を開けている音なんだなと気づき、その歴史的光景を見たいと思いホテルを出た。入口の所にボーイが立っていたので「あの音はブランデンブルク門を閉ざしていたコンクリートを壊している音か」と尋ねると、「そうだと思う。この道を真っすぐいけばすぐ着くからわかるよ」と教えてくれた。私と同じような興味をもった外国人たちが二〇～三〇人位門の方へ歩いていた。

門の側には既に何十人かの見物人と人だかりがいて、みんな黙りこくってブランデンブルク門の開通を見ようとしているようだった。門を塞いでいたコンクリートが電気ドリルのようなもので穿ち、コンクリートの破片を飛び散らかせていた。作業は始まったばかりのようで、門の穴のすべてを壊すには、相当な時間がかかりそうだった。私は三〇分ほどその場で穴を開ける作業を見ていたが、明日の朝また見に来ればいいや、と思いホテルへ戻った。

翌朝、朝食を済ませてからブランデンブルク門の方へ歩きだすと、すごい歓声が聞こえてきた。柱と柱の間にあったコンクリートで埋め込まれた間の防護壁は夜のうちに完全に取り除かれていたようだった。門の間にあったコンクリート壁はなくなり、誰でも自由に通り抜けられる状態になっていたのだ。そのことを知った市民たちが大勢やってきて門を行き交っていた。そのうち門の上に上る人々も沢山出てきて、門柱をつなぐ壁に上り始め、瞬くうちに門柱の上も人で一杯となった。みんな開放感で興奮しており、口々にドイツ語で語り、日本の万歳三唱のような身ぶりを見せていた。東西ベルリンを分けていた象徴的な門が開いて自由に通れるようになったのだからその喜びは外国人である私にもひしひしと伝わり、胸が熱くなって涙がこぼれた。

人々の群れは時間と共に増え、ブランデンブルク門を囲んだり、門の上に上る人は絶えることがなかった。

第二次大戦に敗北したドイツは、首都ベルリンをアメリカ、イギリス、フランス、ソビエトの管理区に分けられ統治されていた。ブランデンブルク門はソビエト管理区の東ベルリン側にあり、門を抜ければ西側の西ベルリンに行けた。門の前にはチャーリー検問所があり、許可証が無ければ通れなかった。

しかしブランデンブルク門が開通すると、誰でも東西ベルリンに通行できたのである。私も門が開いた日にチャーリー検問所を通って西ベルリンに入った。時は一九八九年の十二月だった。

一九八九年は、世界史に大変動が起きた年だった。この年の五月、中国で民主化要求のデモが激化し、翌月の六月四日に北京で天安門事件が発生するのだ。中国の民主化要求の学生デモは一九八六年から中国各地で起きており、翌一九八七年に胡耀邦総書記が辞任、同年十月に趙紫陽氏が総書記に代わっている。だが民主化要求デモは治まらず、八九年六月に天安門事件となって爆発するのだ。

しかし天安門事件は趙紫陽氏から代わった江沢民総書記らの弾圧によって潰されてしまう。この天安門事件の弾圧成功によって東欧でも発生していた民主化運動も鎮圧されるかにみえたが、ソ連の統治下にあった東ヨーロッパでは中国の弾圧にひるまなかった。まずポーランドでワレサ氏が率いる労組「連帯」が六月の大統領選挙で圧勝し東欧革命に火をつける。八月には東独の市民が西独に大量脱出し、ソ連寄りだったホーネッカー東独議長が退陣、十一月には東独が「ベルリンの壁」を開放する。さらにブルガリアでも民主化運動が激化し、八九年末にはルーマニアのチャウシェスク独裁政権が民衆の手で倒され処刑されてしまう。一方でチェコスロバキアでは、詩人・作家のハベル氏が大統領に就任し東欧民主化運動のシンボルとなっていくのだ。

さらに九〇年に入るとユーゴスラビアで共産党が解散、七月には東西ドイツ経済が統合し十月にドイツ統一が成立した。そしてバルト三国でリトアニア、エストニア、ラトビアがソ連からの独立を宣言、共産圏の軍事機構だったワルシャワ条約機構が解散する。一方で八九年末にマルタ島で米ソ首脳会談行なわれ九〇年に共産党の一党独裁が放棄され、エリツィンがロシア共和国大統領に就任、九一年には遂にソ連邦が解体し、独立国家共同体（CIS）の誕生となるのだ。

まさに八九年に東欧で起きた民主化運動はソ連邦の解体までつながっていったのである。

私は八九年の東欧の動乱の動きをみて八九年十二月に東ドイツ、ハンガリー、ポーランド、チェコスロバキアなどを見て回り、各国の要人とのインタビューを試みた。

インタビューを仲介してくれたのは、六〇年、七〇年の日本の安保闘争以降、日本を出て東欧に渡ったかつての学生運動の日本人活動家だった。彼らは東欧の活動家たちと友人関係を築き東欧の各国にネットワークを持っていた。

私が日本の学生運動や革新系の活動状況などを話すと懐かしそうに聞き、私が東欧の要人たちに会いたいなら自分達のネットワークの伝手で協力しようと申し出てくれた。そこで私はポーランドのワレサ氏や「連帯」の幹部などの政府要人、ハンガリー、チェコスロバキアなどの政府要人にも話を聞きたいと要望した。すると翌日にはマゾヴィエツキ・ポーランド首相や次期大統領の呼び声が高いチェコスロバキアの作家・詩人のハベル氏らとの約束を取り付けてくれたのである。しかし、ワレサ氏との会談が双方の時間があわず実現できなかった。

東ドイツは社会主義が崩壊し、市場には物資がなく人々は品物を求めてさ迷っていた。地方からやってきた農民が野菜や肉を売り出すと人々は群がって品物を求めていた。肉は今日の日本のように綺麗にスライスしたものなどはなく、豚肉などをナタでぶった切りその塊を新聞紙にくるんで売っていた。東ドイツの市民がハンガリーなどを経由して西ドイツに大量の脱出を図っている光景も目にした。

　ポーランドは「連帯」が選挙で勝利し、自由化が進んでいた。仲介のおかげでワレサ氏の率いる「連帯」の支援で首相となったマゾヴィエツキ氏や政府要人とのインタビューが実現した。マゾビエツキ首相とは、首相官邸で会い、これからの国づくりについて熱心に語ってくれた。首相になってまだ間もないのに堂々として貫録も板についている感じだった。

　チェコでは就任前日のハベル大統領と対談することもできた。ハベル氏はほぼ大統領就任が確実視されていたが、面会した時は労働組合の事務所のようなところに黒いセーター姿で現れ、開口一番「まだ保守派の動きが厳しいので、本当に明日大統領に就任できるかどうかわからない。もし明日の朝、私がヴァーツラフ広場横に立つルツェルナ宮殿の上に立ちモーニング姿で皆に手を振っていれば反革命は成功しなかったということになるだろう」と語っていたのが印象的だった。しかし翌朝、ヴァーツラフ広場に行くと、市民が詰めかけ広場は立錐の余地もないほどだった。そこへ宮殿のテラスにハベル大統領がモーニング姿で現われ手を振ると、ワーッという歓声が鳴り響いた。革命は成功したのだ。

　マゾヴィエツキ首相もハベル大統領もこれからの国づくりについて熱心に語ってくれた。印象的だったのは、日本が敗戦から不死鳥のように立ち上がり、短時間で高度成長を遂げ経済大国になった理由を熱心に問い、ポーランドもチェコも日本の発展を見習いたいと述べ、早いうちに日本を訪れこの目で見てみたいと語っていたことだった。新興国にとっても日本の再生、成長はモデルのように見られていたことは誇らしく感じたものだ。

もともとソ連の統治下に入り衛星国になる前までの東欧諸国の多くは、資本主義を経験している文化国家だったのである。社会や街の建築物は美しく、どっしりとした風格と歴史を感じさせてくれるものが多かった。ソ連が進駐し社会主義国化するまでは、ヨーロッパの中でも他の欧州諸国に負けない誇りを持っていたに違いないと思わせられた。米ソの冷戦を終結させ、ソ連を崩壊に導いたのも東欧の存在と運動があったからだろうと思わずにはいられなかった。

冷戦終結とソ連の解体　グラスノスチとペレストロイカで国が変わる

一九八九年一二月、地中海に浮かぶマルタ島でアメリカ・ブッシュ大統領とソ連・ゴルバチョフ書記長の首脳会談が行われ、冷戦の終結が宣言された。

冷戦終結の直接的契機は一九八五年にソ連でゴルバチョフ書記長が登場、グラスノスチ（情報公開）とペレストロイカ（政治・経済改革）に踏み出したことが大きい。これまでのソ連の独裁権力的情報統制、社会主義経済体制ではソ連社会が行き詰まるとみて改革・開放路線に踏み出さざるを得なくなった事情があった。

このソ連の方針転換は、直ちにソ連の衛星国として社会主義の統治下にあった東欧諸国に飛び移り、ポーランドやチェコスロバキアを先頭とした民主化運動へとつながっていった。元々、東欧諸国は資本主義、自由主義的な経済を経験したことのある国々が多く、過去にも民主化を求めてベルリン暴動（一九五三年）、一九五六年のハンガリー動乱、一九六八年のプラハの春などの民主化改革の運動が起きていた。しかし、その度にソ連軍が出動し運動は鎮圧されていた。

その後、一九七八年にポーランド出身のヨハネ・パウロ二世がローマ教皇に就任し、ポーランドを訪問、民主化を促す演説を行なったことなどもあり、民主化運動が国民の間に根付いていったのだ。

さらに一九八五年になると前述したようにソ連のゴルバチョフ書記長がグラスノスチ、ペレストロイカの改革運動を推進し始めたことによって社会主義・ソ連の統治下にあった東欧諸国が一斉に民主化革命に動き出し、一九八九年に東欧各国で民主化革命が行なわれ、民主化を実現していったのである。まさに一九八九年の東欧革命は、ソ連崩壊を決定づけ冷戦終結を導き出す〝歴史の転換〟を促す革命となったのだ。

目撃した東欧革命

私はこの八九年一二月に東欧に入り取材中だったが、ソ連寄りの共産党政権が次々と倒れる有様を目撃した。最も劇的だったのは、ルーマニアのチャウチェスク政権が民衆の蜂起によってあっけなく倒れたことだろう。チャウチェスクは大統領時代に権力をほしいままにし、豪勢な贅沢三昧の生活を送っていた。それが革命で倒されるとチャウチェスクのいた宮殿が民衆の手によって暴かれ、チャウチェスク夫人のきらびやかな衣装や百足を超える大統領夫人の靴などもテレビの前で放映された。しかもチャウチェスクは、民衆の前に引き出され処刑されてしまう。私は当時ポーランドにいてルーマニアに入る手立てを講じていたが、革命勃発で入国は叶わなかった。しかしチャウチェスク処刑のニュースや映像は、東欧各地にあっという間に広がり、権力者の末路の哀れさを満天下に見せつけた事件だった。

東欧革命の成功は、結局ソ連邦の崩壊、バルト三国の民主化などにもつながった。ソ連を中心とした軍事同盟のワルシャワ条約機構も崩壊してゆく。まさに一九八九年の東欧革命はチェコスロバキア、ポーランドだけでなく東ドイツ、ユーゴスラビア、アルバニアなど旧ソ連統治下にあった東欧諸国が次々と改革を行ない旧ソ連邦は解体していくことになった。

ソ連邦・旧社会主義圏が崩壊することで九〇年代から約二〇年間の世界はアメリカ一極の時代を築いてゆくことになる。

しかし二〇〇一年九月一一日にニューヨークの超高層ビル二棟が航空機の突入を受けて崩壊する事件が起きた。いわゆる9・11事件で超高層ビル二棟がテロリストに乗っ取られた民間飛行機の体当たり突入で炎上崩壊。同じ日にワシントンの国防総省も襲撃された。米国同時多発テロ事件と呼ばれイスラム過激派のビン・ラディンが率いるアルカイダが世界のイスラム教徒に〝聖戦〟を呼びかけたものだった。

国際テロ時代へ

以後、世界は国際テロの時代に入る。いまや多数の軍同士の戦いでなくとも、個人的なテロリスト集団が世界を震撼させる時代になったのだ。国際テロ組織はアルカイダ以外にもヌスラ戦線、ボコ・ハラム、タリバン、ヒズボラなど世界に一〇〇近い組織があるといわれ、世界各地でテロ活動を行ない、事件を頻発させている。まさに世界は〝国際テロ〟が最も脅威な時代になってしまったといえよう。

これに対し、世界各国はどんどんばらけていき、テロに対し有効な対抗手段を持ち得ていない。その上、アメリカのトランプ大統領が登場して〝アメリカ・ファースト〟（アメリカ第一主義）を唱えだし、かつての自由主義、人権、環境といった普遍的価値を一時的に否定する動きも見せ始めた。WHO（国際保健機構）やユネスコなどの国際機関からも次々脱退し、世界を混乱に導いているのだ。

またヨーロッパもイギリスがEUから脱退し、フランス、ドイツの主導権下にある欧州とは別の道を歩こうとしている。世界はバラバラになりつつあるといえそうだ。

「この戦争は敗ける」 中国と親子三代の縁

私は日本と中国との関係がおかしくなると、何となく胸がざわつく。実は私は一九四二年（昭和一七年）五月五日に中国の南京で生まれ、昔から中国への思い入れがあるからだ。満二歳になる前に母親と一緒に日本へ戻ってきているので、乳幼児の頃の中国の記憶は一切ない。ただ赤ん坊時代の写真や中国の品々が小さい頃から周囲に数多くあったので中国の存在を身近に感ずる機会が多かった。

中国への思い入れ強かった幼少時代

私はというか、そもそも我が家は中国との縁が深い。父・信正、母・静とも戦時中、中国で暮らし、北京で知り合い結婚。私は二人の長男として昭和一七年（一九四二年）五月五日に南京で生まれている。アメリカとの戦争は日本が負けるとみた父が、昭和一九年二月に母と私を日本に帰国させ、父は二〇年三月にフィリピン島・トゥゲガラオより脱出。最後の船、最後の飛行機で台湾を経て東京に帰国したという。そんな中国とのかかわりを小さい頃から聞いたり、我が家ではよく母が中華料理を作っていたせいか、中国への思い入れは昔から何となく強かった。中国から持ち帰った食器や小物が身の回りに結構あったし、本箱には中国関係の本が多く、その背表紙を見て育ったので、い

'43年秋 毎日新聞東亜部上海支局時代の父（31歳）と私（1歳半）

ずれそれらの本を読もうと小学生の頃から何となく思っていた。

高校時代は雑誌部で校内誌を編集し、大学では大学新聞を作るかたわら中国研究会に入り、学問は大学の授業には出ず専ら矛盾論や実践論など中国の文献を読むことと学生運動でエネルギーを費やす日々だった。そんなわけで私の卒論も「中国革命における民族運動」と題し、世界的には帝国主義段階に入っていたが、中国の革命は社会主義革命というより民族運動的な〝新民主主義革命〟ではなかったかと論じたものだった。大学では勉強したとは言えなかったが、卒論を書くため高村象平先生や田中明先生、寺尾誠先生に薦められ、マルクス、エンゲルスやレーニン、E・Hカー、毛沢東選集、マックス・ウェーバー、大塚久雄、竹内好、丸山眞男などはかなり一生懸命読んだつもりだった。

一九一二年（大正元年）生まれの父は、大学（第六高等学校、京都大学）を出た後、毎日新聞に入社した。しかし入社して三ヵ月後に支那事変が勃発、昭和一三年二月に敦賀歩兵第一九連隊に応召され、九月から北支に出征して各地を転戦した。

大学卒で入隊すると、普通は特別扱いされ、直ちに尉官（少尉以上）になるといわれていた。しかし父は大学時代に滝川事件（滝川幸辰・法学部教授）で大学と対立したため二等兵扱いだった。

滝川事件とは滝川教授をアカだ、マルキストだと決めつけ時の文部省が滝川教授を休職処分にしようとし、これに対し教授団や学生が「学問の自由、大学の自治に対する重大な侵害だ」と立ち上がり、抗議の波が全国の大学に広がっていった事件だ。

父は当時、京都帝国大学新聞部にいて滝川教授支援の論陣を張ることを主張したが、部内の意見が割れたため数人で退部し、新たに「学生評論」という雑誌を発行する。しかし、学生評論の仲間は治安維持法により京都特高警察に捜索され一三年に壊滅されてしまう。父は一二年に大学を卒業し、特高による逮捕は免れたが翌年二月に臨時応召され歩兵軍隊に入ることとなる。

軍隊に入り一ヵ月もすると、連隊長の次の地位にいる中佐に呼び出され「近頃、帝都においてはネオンの巷に出入りする亡国的学生がおるかと思えば、赤い思想にかぶれた売国的な学生もおる。貴様は後の方だったんだろう」と、軍刀で床をドンとたたき、「貴様は新聞記者だから口先ではうまいことをぬかす。貴様みたいな奴はご奉公の誠がどんなものか、サッサと戦地へ行って中国人の弾に当たって来い」などと、散々油を搾られようやく放免されたという。

そして新兵としての訓練を一通り終えると早速、九師団第一九連隊から引き出され、新設師団である二一師団八三連隊に編入される。第八三連隊は敦賀連隊の一部と満州牡丹江から来た弘前師団三年兵の精鋭で混成された新設部隊で、九月になると軍用船に乗せられ北支に上陸、さらに陸路を南下して徐州に着く。後にわかったことだが、学生評論を発行した学生たちには〝共産主義者〟のレッテルを張り在学中から絶えず尾行したり、情報を集められていたという。在学中に父の下宿に刑事が忍び込んで机の引出しをかき回したこともあったようで、要注意人物とみられ憲兵や警察に常に見張られていたようだ。徐州の戦闘で頭に銃弾を受け気絶するが奇跡的に一命を取り留め、その後除隊し毎日新聞の北京支局、南京支局の勤務となり、その間に母となる和田静と結婚した。

母も中国で学校の教師に

母・和田静は一九一三年（大正二年）に三重県の津で生まれ二人姉妹の長女だった。母の父は地方銀行の支店長だったようだが、一二歳の時父を亡くした。一九歳の時に母も亡くなったので、若くして両親を亡くし自分達の力で生きていくという思いを強く持った自立した女性となったようだ。

三重県の県立飯南高等女学校を出た後、当時としては珍しく京都女子高等専門学校（現京都女子大）を卒業。その後、百貨店の京都大丸に入社し、宣伝部でコピーライターを務めていた。今でいうキャリアウーマンだった。

母は学生時代から「アメリカへ行きたい」という夢を持っていたが、当時のアメリカ行きは容易ではなく、日米関係の悪化もあって断念し、代わりに単身で中国に渡った。

中国では北京市の第一中学校で唯一の日本人として日本語を教えるかたわら北京大学の教授の下で中国語を必死に学ぶ。そのおかげで戦後、中国の有名作家である巴金氏の小説「雪」「寒夜」などの翻訳を手掛け、二冊が出版されている。

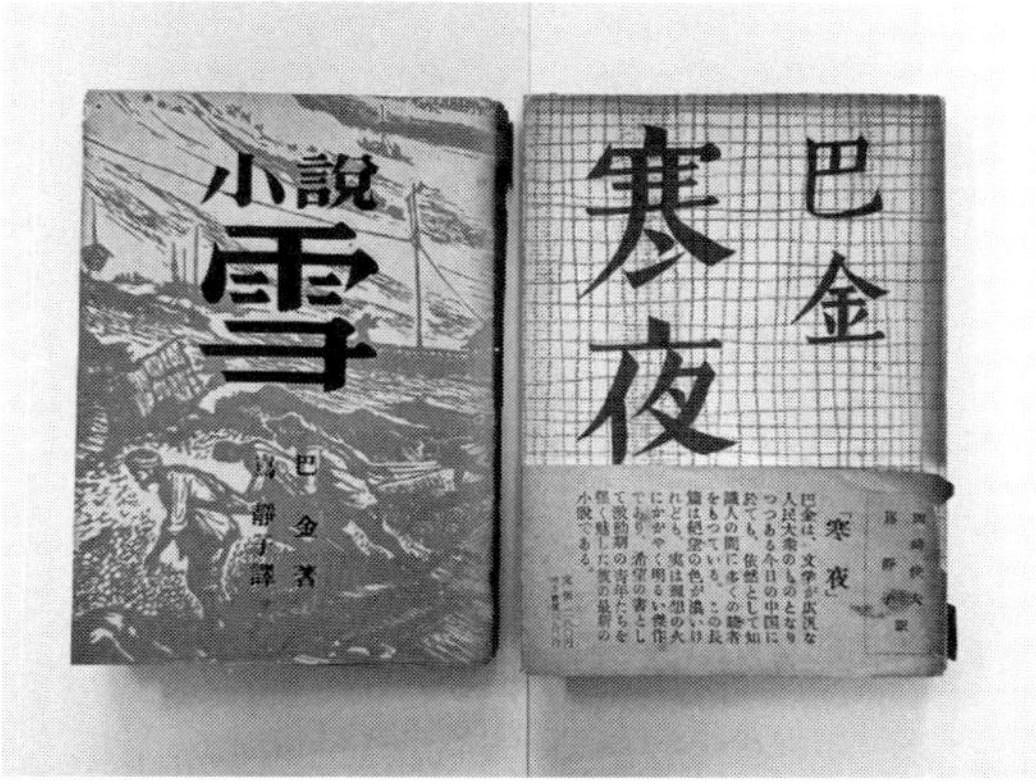
母が翻訳した巴金氏の「雪」、「寒夜」

父と母は北京で知り合い結婚。父が南京特派員となったため南京に移り住み、一九四二年（昭和一七年）五月五日に私が誕生したのである。しかし日米戦争が悪化してきたことを受けて、父が「この戦争は日本が負ける。このまま中国にいると危ないから先に帰国した方がよい」と言い、四四年二月に母と私が帰国することになった。父は、中国に残り北京、上海、南京などのほか東南アジアなどを飛びまわって取材を続けていたが、結局、終戦直前の四五年三月に最後の船、飛行機などを運よく探し当て日本に帰国することができた。

レッドパージで新聞社を退社

帰国後は毎日新聞東京本社の政治部に配属となり敗戦直後の混乱した日本の政治情況の取材にあたっていた。ただ当時はアメリカのGHQ（進駐軍）が権力を持ち支配していたので自由な取材は難しかったと聞く。父の話によると、首相官邸で政治部の仕事をしている時、突然毎日新聞の幹部から呼び出しがあり、「今から自分の荷物を、持って会社を辞めるように」と指令されたという。父と仲間数人の記者が「なぜ、突然クビにするのだ。私は共産主義者なのか。その同調者とみたのか」と幹部と論争しようとしたが、アメリカの圧力もあり会社側は一言も反論せず、「とにかく荷物を持って辞めて欲しい」というだけだったそうだ。GHQの命令に毎日の編集幹部はひと言も反論できなかった。思想的なことより性来の反骨精神が旺盛だった父は、結局GHQに睨まれ一九五〇年（昭和二五年）のレッド・パージ（いわゆる赤狩り・左翼追放）に引っ掛かり、アメリカの命令により毎日新聞から追放されてしまう。このレッド・パージは相当大掛かりな規模で実施され、約一万人が失職したといわれた。当時の記録によるとマスコミ界では第一次で約三五〇人（N

ＨＫ一〇四人、朝日七二人、毎日四九人、読売三四人など）が左派とその同調者として追放にあった。レッドパージ以後は学生時代（第六高等学校〈岡山市〉、京都帝大）の仲間の支援や地域新聞社などを創設し、自由で楽観的な人生を送り、一九九八年に八五歳で亡くなった。最後まで自分を貫いた人生を送ったのではないかと思う。

私は父母の関係で物心がついた頃から中国に関心を持ち、「三国志」や「西遊記」「水滸伝」などを好んで読んだが、大学に入ると「中国研究会」に入会した。そこで中国革命の歴史や民族運動などを研究、毛沢東の「矛盾論」や「実践論」などの読書会を続けた。卒論も中国の新民主義革命と民族運動の関係をテーマに中国の近代化と社会主義革命について書いた。また記者になってからは一九七九年の大平首相の訪中に随行し取材を行なったりした。中国を旅行した時は母が日本語を教えていたという中国の中学校も探し当て、帰国してから母に伝えると懐かしがっていた。

不思議なつながりで私の長男・暢大もマスコミの世界に就職し、四〇代の時に放送局から中国の北京特派員として派遣された。親子三代にわたり中国と縁を持ったことになる。

香港弾圧に出た中国の強国・強権路線への懸念

ただ習近平政権になってからの中国は、次第に強国・強権路線が目立つようになってきた。軍事力、特に空軍、海軍力の増強に力を入れアジア・太平洋地域ではアメリカとの覇権争いが激しくなってきたし、インド洋を巡っても東アフリカやパキスタン、ミャンマーなどで港湾建設支援の見返りに軍港としての使用権を確保するなど着々と布石を打っている。

特に太平洋進出に当たっては、日本などの領海侵犯が増え対立が増加している。さらに二〇二〇年六月三〇日に中国の全国人民代表大会（全人代）は、香港の統制を強化する「香港国家安全維持法（国安法）」を可決・成立させた。国安法は①国家の分裂②中央政府の転覆③テロ行為④外国勢力との結託――の四つを犯罪行為と規定し、中国中央政府の判断により香港で直接、執行力を行使できるとした。

これまで香港は九七年にイギリスから返還された際「中国の社会主義政権の下にあっても五〇年間は〝高度な自治〟が保障されるという〝一国二制度〟の中英共同宣言」（一九八四年）を結んでいたが踏みにじられる結果となった。これに対しイギリスは「英中共同宣言への明白で深刻な違反だ」と批判し英国海外市民旅券を保有する香港住民に英国の市民権を与える方針を表明した。中請資格のある人は約二五〇万人と見積もられている。

一方アメリカは香港に認めてきた優遇措置を見直し香港への防衛備品の輸出を停止し、軍民両用技術を輸出する際は中国本土と同様の制限措置を取ると表明。「中国人民解放軍にアメリカの技術が渡る危険を冒すことはできない」と対抗措置を取るなどとしているほか、今後も様々な制裁を科すと表明している。米中摩擦はこの香港問題で一挙に激化する見通しとなってきたが、中国との貿易が多い欧州諸国や日本も今後の対応に苦慮することになりそうだ。

これまで日本は、アジアの代表的な地位にあり、アジアの中にあって重要な役割を担ってきたが、中国の存在が急速に増大しアメリカとの摩擦も激しくなってくると今後どんな対応をとっていくのか、日本外交にとっても厳しい岐路に立たされてきたといえそうだ。

私にとっても最近の中国の振る舞いは、容認し難いところがあり、かつての中国へのロマンにも冷水をかけられた思いがする。私が社会に出てから初めて中国を訪問したのは、一九七九年の大平首相の訪中の時だった。以来、何度か中国を訪問し、各地の観光も行なってきたが、日中関係がこじれることは何とも淋しい限りである。現在の中国の強権・強国路線は習近平政権の特徴なのか、それとも今後とも中国はアメリカとの覇権争いに邁進してゆく方針なのか、日本も慎重に見究めながら中国との付き合い方を考えていかなければなるまい。

一〇年前までは、まだ新興国とみられていた中国が経済力をつけ、空軍、海軍力を強化してアジア・太平洋でアメリカと覇権を争う姿勢をみせ、インド洋でも東アフリカ、西南アジアなどの沿岸国にインフラ事業を支援する見返りに軍港を利用させてもらう権利を確保し着々と進出を狙っている、いまやかつての米ソの対立から米中の対立が世界の火種になりつつあるのだ。だが中国が今後どう出るのか。

アメリカではトランプを再選させ、世界の価値観とされていた自由主義、人権、環境といった思想を軽視し、一人我が道・アメリカ第一主義をゆこうとするのか。あるいはアメリカ国民がトランプ主義の暴走に歯止めをかけ、かつてアメリカが主導した自由貿易、環境、人権などの価値を再び世界に広めようとするのか。アメリカが世界に受け入れられる価値観に戻ろうとするのかが、今後の米大統領選挙の最大の見所だろう。と同時に世界の行方にも大きく左右してくるだろう。

アメリカ大統領選後の選択

ただ今や米・中二ヵ国の覇権争いというより、米中のネットワークの対立の様相を帯びてきている。その際、アメリカのトランプ大統領候補は、かつてのような自由・民主主義、人権、環境といった多くの国が賛同する価値観を軽視し、〝アメリカ第一〟の行動に走り、同盟国を戸惑わせている。民主党はバイデン氏の後、ハリス副大統領を候補に立てたが、今年秋の大統領選後、もし女性大統領が誕生するようなことになると、アメリカはまた大きく変化することになるだろう。世界は二〇二四年秋のアメリカ大統領選を境に大きな岐路に立ちそうだ。

また、中国の習近平政権が今後も強権・強国路線を続け、アメリカとの対決姿勢を強めると、それこそ世界はかつての米・ソ冷戦時代に代わる米・中〝新冷戦〟時代に入ることが懸念されてくる。米・中が世界の〝覇権〟を競うのではなく、協調と平和を築く方向で協力してゆくことを期待したい。その時、日本は米・中の覇権争いの一方に加わったり、傍観者になるのではなく、積極的に和解の道を探る方向で動いてもらいたいものだ。

なぜなら現在の地球・人類の緊急課題は、米・中の新冷戦問題だけでなく、新型コロナウイルスなど新しい病原菌への対応も重要だと思うからだ。かつてのペスト、コレラ、SERS、新インフルエンザなど新しい病原菌の戦いで人類は過去に数千万人以上の死者を出している。

今回の新型コロナウイルスの病原菌との戦いにおいても二〇二三年三月十日末現在で感染者数は世界で六億八千万人、死者は六百九十万人に達している。日本でも感染者が三千三百万人、死者は七万三千人だ。

こうした現在の緊急の人類の危機を考えるなら、アメリカと中国の新冷戦問題もさることながら、世界はウイルスからの防衛と新しいワクチンの開発に向けたネットワーク連携を組む重要な時期でもあるだろう。日本も米中対立などに関心を持つだけでなく、病原菌問題など広い視野に立って世界に貢献する役割を担っていくべき時と考える。

あとがき

父が新聞記者だったせいか、私も小さい頃から文章を書くことが好きだった。考えてみると、すでに七〇年にわたって物事を書き続けている。

東京・大田区の東調布第一小学校で「四組タイムズ」という壁新聞を作ったのが最初だった。クラスや学校のニュースを大きな模造紙に絵入りの新聞を作って得意になっていた。ただ、冬の寒い日は石炭ストーブを燃やし部屋を暖めているのだが授業が終わると、残念ながら火を落としてしまう。しかし放課後に壁新聞を作っていると寒くて仕方がない。そんなある日、用事があって先生たちがいる職員室へ行くと、ストーブをがんがん炊いて顔が熱るほど暖かかった。そんな教室と職員室の暖かさの違いについて、皮肉まじりに「先生たちは暖かい所にいていいな」といった記事を書いたらこっぴどく叱られたことを覚えている。

「先生たちは授業が終わっても仕事が沢山残っているからストーブを焚いているんです。君たちは授業が終わったら教室なんかに残らないで家に帰りなさい」と突き放されたものだ。それでも放課後に残って何人かでせっせと新聞作りに励んだ。

新設の東調布中学へ入ると新聞部を作り、やはり二〜三ヵ月に一回発行の「東中新聞」を作った。高校では、さすがに新聞作りに飽きたので、雑誌部に入り「星陵」という雑誌を編集した。高校生ながら、恋愛小説を投稿する生徒や政治や社会について評論を書く生徒もおり、さすが日比谷高校の学生はませてるなと思った。この「星陵」に負けず劣らず良い雑誌を作っていたのが小石川高校で、当時はよく読み比べ「今回は向こうの方が出来がよい」などと評論しあったりしていた。

大学に入ると、学費値上げ反対闘争やベトナム反戦デモなど学生運動に熱中したが、その一方で「慶應義塾新聞」を発行し、書きたいことを書きまくっていたのでまるでアジビラのような文章が並んだ。慶應には伝統的な「三田新聞」があり、こちらも反体制的な文章が掲載されることはあったが比較的新聞らしい新聞作りをしていた。三田新聞とは部室が隣同士で広告取りの競争なども行っていた。三田新聞には同期世代の久保伸太郎氏がおり、読売新聞に入りその後、日本テレビの社長などを務めた。

私は新聞社以外に就職する気はなく、父がレッドパージで追放されたものの何となく「毎日新聞」の雰囲気が好きで毎日だけを受けた。毎日では秋田支局と経済部に二〇年いたが、管理職の辞令が出た時に「やはり書きたいことを書く働き方が良い」と思い、四五歳になる頃、退社しフリーの道を選んだ。テレビやラジオからも声がかかり、キャスター、解説評論の仕事をしたり、講演、本の執筆、月刊誌と週刊誌、業界紙等のコラム、小論文の執筆などで今日までを過ごしている。

書く仕事を選んだことで、八〇歳を超えた今も毎月コラム四、五本とラジオのインタビュー番組の仕事を続けている。ラジオは二〇年を越し、書いたコラムや小論は四百字詰め原稿用紙で多分数千本に達し、本も二五冊ほど書いた。書いたり喋ったりするためには日本や世界のこと、文化や企業動向、流行、街の変化などにアンテナを張っていないとタネがあっという間に尽きてしまう。疲れて世の中のことに興味がなくなるまで続けてみようと思っている。

本書を書くにあたっては週刊ポストの坂本隆・元編集長や「財界」主幹・村田博文氏や齋藤彩乃氏に大変お世話になった。さらに、秘書の佐々木倫子さんに資料の収集、原稿の整理などで多大な協力をして頂いた。また、妻・泰子、長男・暢大、長女・陽子、孫の夏子、妹の優子、春菜などに、精神的支援も含め大変世話になったし、協力してもらった。特に、フリーになってから、泰子には本当に面倒や心配をかけたと思うが、黙々と協力してもらい、心から感謝している。改めて皆さんに感謝とお礼を申し上げます。

参考文献

ヘルムート・シュミット『シュミット外交回想録』岩波書店
ジスカール・デスタン『エリゼ官の決断』読売新聞社
マーガレット・サッチャー『サッチャー回顧録―ダウニング街の日々』日本経済新聞出版
中曽根康弘『天地有情―五十年の戦後政治を語る―』文藝春秋
嶌信彦『首脳外交―先進国サミットの裏面史』文春新書
水野広徳『此一戦-日本海海戦記』中公文庫
夢を追いかけた男たち刊行実行委員会編集・制作『夢を追いかけた男たち：毎日新聞再建闘争から四十年』毎日新聞労働組合
毎日グラフ別冊『ニッポン40年前』毎日新聞社
The Economist『Which nation improved the most in 2019?』
The Telegraph『10 unsung cities you must visit in 2020』
嶌信彦『伝説となった日本兵捕虜』角川新書
NPO日本ウズベキスタン協会『追憶 ナボイ劇場建設の記録 シルクロードに生まれた日本人伝説』
NPO日本ウズベキスタン協会『シルクロード・中央アジア検定』NPO日本ウズベキスタン協会
嶌信彦『日本兵捕虜はシルクロードにオペラハウスを建てた』角川書店
朝日新聞『アラル海―20世紀最大の環境破壊』
嶌信彦『ニュースキャスターたちの24時間』講談社
週刊現代編集部『おやじ、ありがとう』講談社
巴金『寒夜』岡崎俊夫、嶌静子訳 筑摩書房
巴金『雪』嶌静子訳 大雅堂
京都帝国大学学生運動史刊行会編『京都帝国大学学生運動史』昭和堂
京大新聞史編集委員会 編『権力にアカンベエ！―京都大学新聞の六五年』草思社
森正蔵『旋風二十年』鱒書房
森正蔵『解禁 昭和裏面史 ―旋風二十年』筑摩書房
毛沢東『実践論・矛盾論』岩波文庫

嶌 信彦 しま・のぶひこ

ジャーナリスト。1942年生まれ。1967年に慶應義塾大学経済学部を卒業後、毎日新聞社に入社。大蔵省、日銀、財界、ワシントン特派員などを歴任し、1987年からフリーとなる。TBSテレビ「ブロードキャスター」「NEWS23」「朝ズバッ！」などのコメンテーターや、BS-TBS「グローバルナビフロント」のキャスターを約15年務める。また、TBSラジオ「森本毅郎・スタンバイ！」には、放送開始当初から27年間出演。

現在、TBSラジオ「嶌信彦 人生百景『志の人たち』」にレギュラー出演。NPO「日本ウズベキスタン協会」の会長を経て、現在は顧問を務める。先進国サミットの取材は約30回にわたる。

著書に「嶌信彦の一筆入魂―21世紀はクール・ジャパンの時代」(財界研究所)、「伝説となった日本兵捕虜　ソ連四大劇場を建てた男たち」(角川書店)、「首脳外交－先進国サミットの裏面史」(文春新書)、「ニュースキャスターたちの24時間」(講談社)他多数。

オフィシャルサイト：https://www.nobuhiko-shima.com/

私のジャーナリスト人生
記者60年、世界と日本の現場をえぐる

2024年9月18日　初版第1刷発行

著者　嶌 信彦
発行者　村田博文
発行所　株式会社財界研究所
［住所］〒107-0052 東京都港区赤坂3-2-12赤坂ノアビル7階
［電話］03-5561-6616
［ファックス］03-5561-6619
［URL］https://www.zaikai.jp/
印刷・製本　日経印刷株式会社
装幀　相馬敬徳（Rafters）

ISBN978-4-87932-166-4
定価はカバーに印刷してあります。